JN299068

学校づくりとスクールミドル

小島弘道・熊谷愼之輔・末松裕基 著

講座 現代学校教育の高度化　小島弘道 監修　11

学文社

執筆者			
小島 弘道	龍谷大学	第1章・第2章・第3章
熊谷 愼之輔	岡山大学	第4章・第5章・第6章
末松 裕基	上越教育大学	第7章・第8章

監修にあたって

　現代の学校は，社会のドラスティックな変化を前に，その社会に生きる上で直面する様々な課題に向き合い，解決して自分なりの生き方を選択，設計，実現するための「生きる力」の育成ほか，知識基盤社会など社会の新たなかたちに対応しうる人材を育成することが期待されている。その担い手としての教師をどう育成し，かつその質をどう高めるかは喫緊の課題であることは異論のないところだろう。これまで教員養成に対しては主として学部レベルの知や技の在り方を探り，さらに現職研修の充実によって対応してきた。しかし近年，教職大学院の設置や既存の教育系大学院の改革により教員を養成することに強い関心を寄せてきている教育政策からは，今後の教員養成は大学院レベルで行うことが望ましいとする方向が見え隠れする。しかし，それは教師の一部に限ってそうしようとするものであるばかりか，その大学院でいかなる知と技によって優れた教師を育成するかについては，その制度設計も含め，改善，改革すべき課題が山積し，その多くは今後に残されたままである。

　またそこでめざす職業人としてのかたちが「高度専門職業人」であるとされながらも，そこでの教師像，力量，そのために必要な育成や養成のシステムなどについて明確にされているというにはほど遠いというのが現実である。

　高度専門職業人としての教師であるためには，次の3つの知が不可欠だと考えられる。

- 専門性の高度化を持続させる知
- 専門性を成熟させる知
- 専門性を学校づくりに生かす知

　高度専門職業人であることは，高度な専門性を追究し，その分野のスペシャリストとして自らの教職キャリアを選択する方向，また求められるならばこれまで培ってきた専門性を基盤としてそれを学校づくりに生かすという教職キャ

リアを選択する方向があるだろう。そのいずれの方向であれ,「高度」というものがつきまとい, その実体を身に付けた教師であることが求められている。専門性は今や膨らみを持たせて語ることが重要である。授業実践にとどまらず, 学校づくりにつながる授業実践の視野が求められる。その意味でも「専門性を学校づくりに生かす知」という視点は不可欠だと思う。その際, 期待する教師像は「考える教師」, つまり「省察, 創造, 実践する教師」に求めたい。

　高度専門職業人としての教職に必要な知のレベルは「大学院知」としてとらえたい。この内実を明確にし, その知を実践に即して振り返り, その知を進化, 発展させ, さらに新たな知を創造すること, それを教育実践と学校づくりとの関連で相互に生かす知として編集することができる力量の育成を通して, 教職を名実共に成熟した専門職にまで高め, その専門性を不断に進化, 成熟させるにふさわしい力量を備えた教師を育成する知を解明することが大切である。高度専門職業人であるための知は, 大学院修了の資格を有しているか, いないかにかかわらず, その水準を「大学院知」に設定したい。そうした知の育成, 展開をめざした研修でもありたい。さらに言えば本講座を通して「大学院知」のスタンダード, スタンダードモデルを創造し, 発信するメッセージとなれば幸いである。

　本講座を構成する知は, ①知識基盤テーマ群, ②学校づくりテーマ群, ③教育実践テーマ群, ④教育内容テーマ群, の4群から構成した。各巻における編集・執筆の観点は, テーマをめぐる, ①問題・課題の状況, ②これまでの, そして現在の, さらにこれから必要とされる考え方や知見, ③学校づくりや学校変革への示唆, である。

監修　小島　弘道

まえがき

　現代の学校教育を高度化し，児童生徒それぞれの生きる力と彼らを社会の立派な担い手として育成するうえで，学校づくりの仕事はこれまでになく重視されなければならない。そのために必要なことや条件はさまざまであるが，とりわけスクールミドルのイニシアティブに期待するところ大である。こうしたイニシアティブ，つまりミドルリーダーシップは自律的学校経営の構築に当たって，また効果的なマネジメントを展開していくためにますます重視しなければならない。というのも，このリーダーシップと学校づくりの担い手は，もしくは人材が現在，質と量において満足できるものになっていないからである。

　"スクールミドル"が注目され，その役割に期待がかかってきたのは，ここ10年のことである。そのためか最近，学校ミドル，スクールミドル，スクールリーダー，ミドルリーダーシップという言葉や用語が頻繁に見聞され，また使用されるようになった。現在，学校現場では学校改善のキーワードとしてスクールミドル，学校ミドル，ミドルリーダーという言葉が飛び交い，スクールミドルに対する熱い思いと強い期待として語られている。学校教育法が改正され，主幹教諭，指導教諭等の新たな職が設置された。それをどう捉えるかは今後の学校経営の実践と学校経営学にとって戦略的意義をもっている。その際，それを職制としてのミドルにとどめず，組織におけるミドルという観点から捉える必要がある。

　これまで組織におけるミドル，そして学校経営におけるミドルという観点から，ミドルの位置，役割，機能などについて本質的に語り，その概念を解明することはなされてこなかった。しかしスクールミドルについては学校経営研究にあって今後ますます学術的，実践的意義を有し，それゆえに学校経営学の課題として真正面から取り組む必要がある。スクールミドルは中間概念，中間知

の創造者であり，その機能としてのミドルリーダーシップをどう捉えるかは，教育学と学校経営学にあってはまったく新しい分野である。本書はこうした課題に挑戦しようとしたものである。

　本書は「学校経営とスクールミドル」「スクールミドルと職能発達」「スクールミドルの世界的視野」の3部から構成されている。

　第Ⅰ部「学校経営とスクールミドル」は，第1章「スクールミドルの状況と課題」で今なぜスクールミドルが注目されるのかについて学校の教員構成，主幹等の「新たな職」の設置にかかわる教育政策，組織におけるミドルの役割，などから解き明かす。第2章「スクールミドル論の展開―スクールミドルはどう語られてきたか」では職制論からミドル論へその語られ方の視野や論軸が変化してきたことを述べ，その意味するところを論じている。その論を促し，深化させてきたファクターとして経営学におけるミドル研究，スクールリーダー教育への目覚めやスクールミドルの職能成長・開発論の進化を挙げた。ミドルリーダーの役割，そしてミドルリーダーシップの解明を試みたのが第3章「自律的学校経営の構築とミドルリーダーシップ」である。ここでは「中間概念の創造」をミドルリーダーシップの本質であると指摘し，その構造と過程を明らかにした。最後に学校経営の研究はじめ組織研究で忘れられがちな人間の問題について言及した。

　第Ⅱ部は，教師という専門職に要請される職業的能力の発達，なかでも「スクールミドルと職能発達」というテーマを扱っている。まず第4章では，生涯発達論，家族発達論，キャリア発達論から，中年期というライフステージをとらえ，そのステージで教師という役割を果たして生きるスクールミドルの職能発達について考察している。第5章では，スクールミドルの職能発達を促すキャリア・デザインについて検討を行っている。そして第6章では，スクールミドルの職能発達を支援することによって，学校という組織全体も高めていけるような仕組みを示そうとしている。

　第Ⅲ部「スクールミドルの世界的視野」は，各国のスクールミドルの役割を考察している。第7章では，OECDによるミドルの注目と位置づけを検討し，

諸外国のミドル研究，スクールミドル政策，役割実態を分析している。第8章では，スクールミドル論を先導してきたイギリスを対象とし，1980年代以降の学校経営改革におけるミドルの位置づけとスクールミドルの専門職基準の目的・内容が分析されている。そのうえで，スクールミドルの役割モデルと意思決定が考察され，最後にアイロニストとしてのスクールミドルの可能性が示されている。

　本書が，日本の自律的学校の構築のためにミドルリーダーシップに関するアイデアを生み，よい学校づくりのきっかけになればこの上ない喜びである。

著　者

目　次

監修にあたって

まえがき

第Ⅰ部　学校経営とスクールミドル————————————9

第1章　スクールミドルの状況と課題　10
第1節　スクールミドルを問う視野　10
第2節　学校の教員構成の変化とミドルへの期待　14
第3節　学校教育法の改正と「新たな職」の創設　21
第4節　学校づくりとスクールミドル　39

第2章　スクールミドル論—スクールミドルはどう語られてきたか　44
第1節　学校主任論からスクールミドル論へ　44
第2節　スクールリーダー教育とスクールミドル　56
第3節　スクールミドルの職能成長・開発論　59
第4節　ミドルリーダーシップ論への展開　61

第3章　自律的学校経営の構築とミドルリーダーシップ　68
第1節　ミドルリーダーシップの本質　68
第2節　ミドルリーダーシップの構造と過程　73
第3節　学校組織と人間の問題　80

第Ⅱ部　スクールミドルと職能発達————————————83

第4章　スクールミドルの職能発達を考える視点と理論　84
第1節　ライフサイクル論からみた中年期とスクールミドル　84
第2節　キャリア発達論からみたスクールミドルの職能発達　90
第3節　スクールミドルの職能発達を考える包括的な視点　95

第5章　スクールミドルの職能発達を促すキャリア・デザイン　100
第1節　キャリア・デザインの必要性　100
第2節　スクールミドルのためのキャリア・デザイン　103
第3節　学校組織とスクールミドルをつなぐキャリア・デザイン・シート　107

第6章　スクールミドルの職能発達を支援する仕組み　114

　第1節　「世代継承」のサイクル　114
　第2節　授業研究を中心とした「実践と省察」のサイクル　118
　第3節　「学校と学校外」のサイクル　123
　第4節　スクールミドルの職能発達を支援する3つのサイクル　126

第Ⅲ部　スクールミドルの世界的視野 ———————————— 133

第7章　世界のスクールミドル　134

　第1節　OECDによるスクールミドルへの注目―校長職からミドルへ　134
　第2節　OECD加盟国にみるミドルの位置と課題　136
　第3節　ブラック・ボックスとしてのミドルマネジメント　140
　第4節　世界のミドルリーダーシップ開発　144

第8章　イギリスのスクールミドル　154

　第1節　スクールミドル前史　154
　第2節　スクールミドル政策　159
　第3節　スクールミドルの役割モデル　168
　第4節　スクールミドルの意思決定と役割認識　171
　第5節　アイロニストとしてのスクールミドルの可能性　177

索　引　186

第Ⅰ部　学校経営とスクールミドル

第1章　スクールミドルの状況と課題

第1節　スクールミドルを問う視野

　リーダーシップについては，これまで多くの人が語り，多くの研究者によって論じられてきた。その知は蓄積され，時代と社会の変化のなかで検証され，つくりかえられ，また状況を打開し，もしくは克服するために新たな知がそこに付け加えられ，現在の知や言説が形成されてきた。本講座『スクールリーダーシップ』は，学校経営の実践や理論のなかで形成されてきたリーダーシップ論をふまえながらスクールリーダーシップの本質について論じたものである。さらには広くリーダーシップ学説の形成を論じながらリーダーシップの一般理論とスクールリーダーシップ論の現在を明らかにしている。ここで論じているリーダーシップは主として校長などトップリーダーのそれであり，また一般にリーダー行動に見られる，もしくはリーダー行動に期待されるそれである。
　ミドルリーダーシップはスクールリーダーシップのなかにあって独自で固有な知の領域をなすものであるし，そのように意味づけることが必要だろう。本書はまさにそのミドルリーダーシップについて，そして自律的学校経営構築のためのミドルリーダーシップについて本質的に，理論的に，実践的に解明しようとする問題意識と視野に立って編まれた書である。中間概念，中間知の創造としてスクールミドルとそのリーダーシップをどう捉えるかは，教育学と学校経営学ではまったく新しい分野である。学校教育法が改正され，主幹教諭，指導教諭などの新たな職が設置されたが，それはスクールミドルおよびスクールミドルシップの問題にとどまらず，スクールリーダーシップの本質認識につながるものだけに，今後の研究，課題とすべきテーマであると考える。

『スクールリーダーシップ』ではミドルリーダーシップについての問題意識を論じるにとどまっていたが，本書は従来のリーダーシップの視野，リーダーシップ論では捉えきれないスクールミドル行動の本質とミドルリーダーシップを解明しようとした。とりわけ第Ⅰ部の役割はそこにある。

　"スクールミドル"が注目され，その役割に期待がかかってきたのは，ここ10年のことである。もちろん，それ以前にも主任制や主任職，また中堅教員やベテラン教員の役割などとして日常的に口にされ，語られてきた。現在，学校現場では学校改善のキーワードとしてスクールミドル，学校ミドル，ミドルリーダーという言葉が飛び交い，スクールミドルに対する熱い思いと強い期待として語られている。しかし組織におけるミドル，そして学校経営におけるミドルという観点から，ミドルの位置，役割，機能などについて本質的に語り，その概念を解明することはなされてこなかった。

　企業では30～40歳代をミドル層と呼んでいるようだが，学校ではミドルという言葉や言い方でなくても，10～30年など一定の教職経験を経た教員を中堅教員，ベテラン教員などと呼んできた。彼らに対してはその経験や実績に鑑み，校内で相応の役割が期待されてきた。自ずとそれを実現していく職能期待もあった。役割期待では，その学校の活動を展開し，そこで期待された目標を達成するために，その学校なりのミドルの位置づけや役割期待がつくられていた。校務運営や校務分掌などにおいて職制や組織として目に見えるかたちとするものから，特定の問題や課題を処理し，解決するために設置したプロジェクトチームをリードするなどして，その役割期待に応えていた。高度専門職業人として子どもたちの人間形成を担い，社会の期待に応えるためには，これまでの専門性をふくらませたり，変革していく必要がある。そうした専門性の自己変革と組織変革を促す専門性概念の再定義を視野に，その形成を基盤とした学校づくりに貢献していくためのリーダーシップを高めるという使命もある。そのリーダーシップは自己の職務を通して人や組織に働きかけ，若手教員の育成や学校づくりに貢献するための努力や工夫の総体である。教科の高度なスペシャリストと円熟した教育指導力を基盤として，一定の経験を経た教員がスクー

ルリーダーの一員としてそれまでの経験や知を生かして学校づくりに寄与するという職能期待がある。筆者は，それを「スクールミドル」として語ってきた。その役割と機能は，自らの専門性の充実・円熟，経験や専門性を生かした指導，学校づくりへの貢献として整理することができる

　ここで重要なことは，ミドルには職制を超えた機能，役割があるということである。主任，主幹教諭，指導教諭などは制度化されたフォーマルな職制である。これらフォーマルな職務にとどまらず，職制を超えてインフォーマルな場面においても教職員への動機づけや人材育成を図っていく役割が期待される。またそうした後ろ姿や仕事ぶりを見て自らそうした域に達しようと努力する，そうした存在になりたいと思わせる力がそこにはある。こうした役割や機能が学校のなかからなくなったり，弱くなってしまうと，教育活動の知や技，学校運営の知や技，さらには教育実践の文化や学校文化など学校の知や技が蓄積，維持，継承されなくなり，学校力の低下，衰退を招くことになる。また若手教員の育成やミドル自身の育成を難しくする。スクールミドルの役割を担うのは必ずしも職制である必要はない。それ以外の教員もスクールミドルとして活躍する可能性を有している。この場合，このミドルは職制ではない。しかし，時に主幹教諭の機能・役割を，時に指導教諭の機能・役割をインフォーマルないしは事実上，果たしている現実がある。「新たな職」についてもこう考えることが，もしくはこういう視野のもとで考え，運用することが大切なことだと思う。ライン機能を強調し表に出すマネジメントは人と組織の元気や機能を萎えさせるからである。

　また，ミドルの位置づけや概念を年齢層・世代としての中間世代の問題や課題としてだけではなく，組織の問題解決において戦略的役割を果たしうる世代―職層として受け止める必要があり，学校にあってはスクールミドルとして，その機能や役割の解明とその発揮がこれからの学校経営にあって戦略的意義を有し，学校経営において真正面から取り組む必要があるし，そう期待されていると考える必要がある。だから，例えば55歳を超えた教員でも，そのベテランの知恵や力量を活用することに意味が出てくる。

ミドルの役割を，担当校務を実務として確実にこなすという，これまでの業務や業務遂行スタイルにとどまらず，その業務自体を戦略的に計画，実施運営することだと考えることが重要だとするミドル論を展開することが重要だと考える。つまり担当業務を，一方では学校経営の方針や戦略とリンクさせて編集し，実施運営する，他方でこれまでの業務活動をふまえながらも，そこに新たな視野と視点から業務活動を構想するということである。これらフォーマルな場面以外でも，若手の支援・育成や職場づくりなどの場面で先頭に立ってリードし，活躍するミドルでありたい。現在，こうした戦略的ミドル，戦略的ミドルリーダーが求められている。自律的学校経営の構築は，こうしたミドルの存在，役割なくしては実現不可能である。

　第Ⅰ部では，ミドルの役割を仮説的に次のように捉えることにする。すなわち，ミドルは第1に，これまでの教職経験や教育実践をふまえ，それをさらに円熟したものとするとともに，それを基盤として学校づくりに貢献する役割がある。個人やチーム・校務分掌組織がかかえる，もしくは直面する問題や課題，また個人やチームなどのフォーマル，インフォーマルな協働関係や人間関係などについて，それらの状況の処理や解決に必要な実践知（個別知・現場知）を解釈，加工して新たな，または戦略的な実践知を創造し，実践可能な知に変換するという役割がある。この知が，学校の戦略知の形成にとって意味のあるものならば，積極的に提案することが大切だろう。

　第2は，学校経営のビジョンや戦略の構築に関わる学校や校長の経営意思など，戦略知（組織知・全体知）に関わるアイデアを提案したり，また個人・チームがそれを共有しうるよう仕向けながら，その知を解釈，加工し実践知に変え，実践可能な知に変えていくという役割がある。第3としては，先述したように担当校務を戦略的に実施運営するという役割だ。それは学校経営計画に即しながらも，担当校務の内外環境を見据え，より高い学校力を構築するための部門計画として策定し，実施運営する役割である。

　以上のミドルないしはミドルリーダーの役割には，若手の育成・支援，協働的・同僚的な人間関係の構築，学校の雰囲気・文化の形成と継承，学校経営方

針の共有化と学校改善のファシリテーターやコーチングなどといわれる機能，リーダーシップが同時に存在し，あるいは作用している。こうした機能がフォーマルなミドルの仕事を支え，特色づけていることを忘れるべきではない。

　以上のようなスクールミドルに対する期待，ミドルリーダーシップのあり方への問いは，それなりの事情と背景がある。以下，これについて見ていくことにする。

第2節　学校の教員構成の変化とミドルへの期待

1　若手教員の育成とミドルの役割

　数年前から1947〜1949年生まれの第1次ベビーブーム世代（「団塊の世代」）の大量退職にともなって新規採用教員が増加している。ここしばらくは，こうした状態が続く。教員の大量退職により新規採用者数を大幅に増やさねばならない。また中堅教員の数が極端に少なく，30歳代，40歳代の教員層の空洞化が進み，他方50歳代教員が4〜5割を占めるようになった。例えば大阪府の場合，1999年度の新規採用教員は100人をわずかに超えるにすぎなかったが，2003年度は1000人，2007年度には2000人をそれぞれ超えた。2009年度は2000人をわずかに下回ったが，大量採用傾向はとどまることはない。30歳代後半から40歳代の中堅教員の層は極端に少なく，50歳代教員が約5割を占めるまでになっている。こうした教員構成はワイングラス型とも呼ばれる。

　こうした教員年齢構成に対して，2011（平成23）年1月31日，中央教育審議会の「教職生活の全体を通じた教員の資質能力の総合的な向上方策について（審議経過報告）」（教員の資質能力向上特別部会）で，今後10年間に，教員全体の約3分の1の20万人弱の教員が退職し，経験の浅い教員が大量に誕生することから，先輩教員から新人教員へと知識・技能が伝承されることが困難となることが予想されるとしている。また大量の経験不足の教員と少数の多忙な中堅教員，新しい時代の学校運営に対応できない管理職により運営される学校が全国各地に生まれるといった状況にもなりかねないと危惧している。

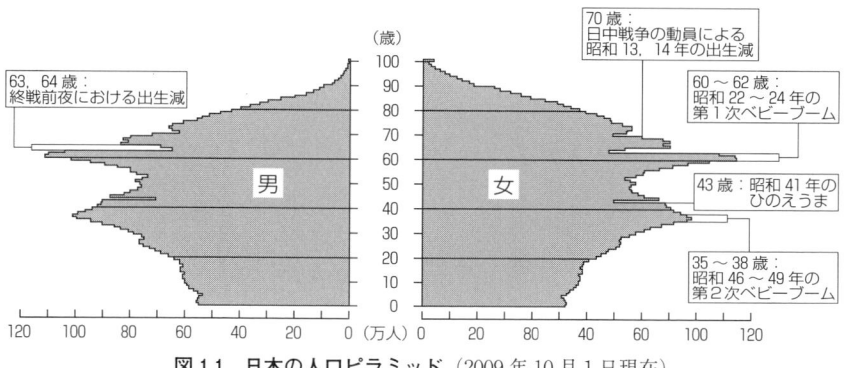

図 1.1　日本の人口ピラミッド（2009 年 10 月 1 日現在）

出所：総務省

　教員の大量退職，大量採用という現実は新たなスクールミドル問題を生んでいる。教員の年齢構成の変化から生み出され，また予測されるスクールミドル問題というのは，学校経営においては若手教員の育成と指導，次世代スクールリーダーの育成，そしてスクールミドル自身の力量形成，次世代スクールミドルの育成である。団塊の世代が大量退職する時代を迎え，それを補充するための新任教員の大量採用があり，これにどう対応するかに関わって，それらの教員を指導するミドル層の薄さとミドルリーダーとしての経験が少ないことへの危機感である。同時に団塊世代の大量退職時代における学校経営にあって，薄いミドル層から，いかに優れたスクールリーダーを育成し，またかれらを補佐するスクールミドルを育成するかという，ミドルそのものの力量とその育成にかかわる問題である。

　団塊の世代の教職員が定年退職し，それを補充するために新任教員を大量採用することになったことで，学校にさまざまな変化を生み，それが学校経営や運営において見過ごすことができない問題や課題となってきた。その問題や課題を解決するためにミドルへの関心，ミドルへの期待が注目されることになった。具体的には，これらの若手教員の指導をどうするか，ミドル層の薄さと並んでミドルリーダーとしての経験が少ないことからくるミドルの力量への不安

である。ある教員は，大量退職，大量採用の時代の学校の状況に対して次のように危機感を募らせている⁽¹⁾。

　つい10年ほど前までは，若手教員は金の卵と言われ，指導力向上のために教育委員会から手厚い指導を受けていた。ところが大量採用時代を迎え，新規採用教員を直接教育委員会の指導主事が訪問して指導する機会は急速に減少した。それぞれの教科の研究会も急に世代交代が進み，採用10年未満の教員が指導する立場となっている例もある。毎年新規採用者が赴任して若手教員の割合が急に大きくなっている学校が増えてきたため，教育委員会主催の2年次の指名研修はほとんどなくなった。こうした状況にあって，若手教員の育成をどうするかが今学校に問われている。また学校に期待されている。
　昨今の変化著しい状況の中で，管理職のスクールリーダーとしての仕事は年々複雑化し，忙しさを増している。児童生徒の指導の専門性以外での職能が要求されるのである。このような状況の中で担任としてどのように指導をするかを若手に伝授するのは，一担任を生涯の仕事と考えているベテラン教員に委ねることが望ましいのではないかと考える。ただ，今の40代後半から50代前半の教員は，採用された時から常に校内では年下であり，学年主任やその他の主任の経験なく年を重ねてきたため，自分のことだけをしっかりする，若者の育成は管理職がすればよい，という意識の人も多い。今，若手教員の育成のためにこのベテランの年齢に至った世代を学校のミドルリーダーとして活用することが必要であり，重要ではないかと考える。一方で今から10年後，今の30代が再び若くして管理職になる時代が到来する。彼らを今から学校経営に参画させ，スクールリーダーとして育てていくことを視野に，管理職がその人材育成に関わっていくことが必要なのではないだろうか。
　若手教員の割合が高くなり，産休育休の講師が学級担任を受け持つという状況も増えてきた。年齢や経歴に関係なく同じ担任として児童や保護者の前

に立つことになる若手教員たち。教員という仕事に夢を抱き，彼らはもっともっと自分を高めたいと願っている。時にはとことん付き合って一緒に考えてくれる先輩を必要としているのだ。

　こう指摘する教員も学校では常に「若手」であった。こうした経験，現実からスクールミドルをめぐる問題や課題として，①若手教員が増加し，行政レベルで彼らに対するこれまでの手厚い手だてや支援が追いつかず，組織的，計画的指導の施策が手薄となっている。これでいいのか，新任教員を育成するためには2〜3年のスパンで組織的，計画的な研修が必要なのに，それをしないままである。②増加する若手教員を学校としてどう指導し，育成するかは学校の教育力や学校力を高めるうえできわめて大切であるにもかかわらず，その育成・指導体制が教員構成のうえで十分対応しきれていない。つまり育成する側のミドル層が薄く，また育成や指導の経験をもったミドルが少ないという現実があると述べている。

　採用されたときから常に校内では若手であり，もしくはごくわずかしか若手がいない学校に勤務し，主任の経験少なく年を重ねてきたため若手育成をどうしたらよいかがわからない。若手教員の育成，指導にミドルの役割は重要であるが，そのミドル層も極端に薄い。学校運営への関心も少なく，またその力量も高いとはいえない。こうした状況にあって，若手教員の育成をどうするかが今学校に問われている。先の教員は今すぐにこうした課題に取り組み，実践していくことが学校経営，そしてミドルが取り組むべき喫緊の課題だと訴えている。ほかの教員も採用以来，「若手」として働き，以前であれば，そろそろ次の40歳前後の世代にこれまでミドルとしていた仕事を引き継ぐ年代になっても，40歳前後の教員が少ないため引き継ぐことができずに，相変わらずこれまでと同様，先輩から引き継いだ仕事をしていると述べている。若手を育てる，若手に知・技の本質や学校文化を伝える，若手にとって働きやすい職場環境をつくる，若手を巻き込み学校づくりに一緒に取り組む，というようなミドルに期待されていることが経験できなかった，したがってミドルとしての自覚や力量

を自己形成することなく今にいたっているという自戒でもある⁽²⁾。

2　教員の高齢化と中堅ミドル層の空洞化

　文部科学省が発表した 2010 年 10 月 1 日現在の教員統計調査について，各新聞は「進む教員の高齢化」などと報じた。公私立学校教員の平均年齢は小学校 44.3 歳，中学校 44.0 歳，高等学校 45.4 歳。50 歳以上の公立学校教員は小学校 38.4％，中学校 34.0％，高等学校 37.4％でそれぞれ 3 分の 1 を超え，前回調査よりいずれも増加した。「50 歳以上」の教員は平成 16 年度，平成 19 年度はそれぞれ小学校で 29.6％，35.3％，中学校で 23.2％，28.2％，高等学校で 31.3％，34.4％のように，年々増加している（表 1.1）。これは 1971〜1974 年の第 2 次ベビーブームで生まれた世代が小中学生になった時期に大量に採用された教員が 50 歳代になっていることを反映している。これら 50 歳代教員は，1947〜1949 年に生まれた 800 万余人が 2007〜2009 年にかけて定年退職を迎えた世代の「団塊の世代」に次ぐ塊の世代である。

　大阪府は 50 歳代が約 5 割を占めるなど，こうした傾向は大都市で顕著である。滋賀県では今後 10 年間で約 40％の教員が退職することになるが，同教育委員会はこれにともない，経験浅い教員が大量に誕生し，学校に若手教員の育成機能を回復させるために教師力の向上と学校の組織としての力を高める，新人教員と中堅教員をつなぐ教師集団の育成などの対策を打ち出している。

　多くの学校では今，若手教員を育成することがマネジメントの大きな課題となっている。教頭だけでなく，主幹教諭・指導教諭・主任などミドルにその期待が重くのしかかる。しかしこれまで述べたように，とりわけ 30 歳代後半から 40 歳代のミドル層が極端に薄く，これに対応しきれていないのが実情である。さらに，これまで常に「若手」であったために，どう対応していいか経験と力量において自信がもてない。一方で人を育て，他方で人を補佐しうる自覚と力量をもったスクールミドルとしてどう自己形成するかも大きな課題である。若手教員にとって「第二の学校」であるはずの最初の勤務校の対応，マネジメント，学校づくりが今問われる。

表 1.1　学校別教員の年齢構成

(%)

区　分	小学校			中学校			高等学校		
	平成16年度	平成19年度	平成22年度	平成16年度	平成19年度	平成22年度	平成16年度	平成19年度	平成22年度
本務教員数(人)	388,664	389,819	390,927	234,017	231,528	233,059	242,967	234,278	230,025
合計	100.0	100.0	100.0	100.0	100.0	100.0	100.0	100.0	100.0
25歳未満	2.1	2.7	3.3	1.6	2.0	2.7	1.4	1.3	1.7
25～30歳未満	6.8	8.6	10.1	7.2	7.7	9.1	7.2	6.4	6.9
30～35歳未満	10.0	9.3	10.1	12.4	10.9	10.3	11.5	10.7	9.8
35～40歳未満	13.3	11.4	10.5	15.0	13.2	12.4	13.2	12.2	12.6
40～45歳未満	16.2	14.2	12.5	20.9	16.7	13.3	18.8	16.3	12.7
45～50歳未満	22.1	18.4	15.4	19.8	21.4	18.8	16.5	18.7	19.2
50～55歳未満	17.9	20.8	20.7	13.7	16.3	19.3	15.5	16.3	17.5
55～60歳未満	10.9	13.4	15.9	8.5	10.7	12.5	12.7	14.7	15.2
60歳以上	0.8	1.1	1.5	0.9	1.2	1.6	3.2	3.5	4.3
平均年齢(歳)									
計	44.1	44.4	44.3	42.9	43.8	44.0	44.3	45.1	45.4
男	44.8	45.2	45.2	43.8	44.8	45.0	45.4	46.3	46.6
女	43.7	43.9	43.8	41.6	42.3	42.5	41.1	42.0	42.4

これからも続く大量退職と大量採用，教員の「高齢化」はスクールミドルの役割，力量，姿勢に直結する問題であるという意味で，まさにスクールミドル問題だといえる。ここで大切なことはスクールミドル育成の視点である。それはミドルの役割・機能・力量を明確にする，リーダーとしての経験を与える，ベテラン教員の知見と経験を生かす，そして「立場や役割は人を育てる」という視点である。それにしても気になることは，2010年度採用された新任教員2万5743人のうち288人（1.1％）が退職し，ここ10年間で8.7倍になっていることが文部科学省調査で明らかになった。また働きがいを感じる教員が教職経験が長くなるほど少なくなる傾向である。「今の仕事が楽しい」かを尋ねたところ30歳未満80％，30歳代75％，40歳代67％，50歳以上59％のようになり，中高年で急降下しているという。「今のしごとを続けたい」についても30歳未満，30歳代ともに76％，40歳代74％に対し，50歳以上では55％と急落している。「今の仕事にとても生きがいを感じる」でも，30歳未満74％，30歳代73％，40歳代69％，50歳以上62％のように同様な傾向が見られる。性別では男性教員は30歳未満83％，30歳代77％，40歳代65％，50歳以上55％のように年齢が高いほど働きがいが減る傾向にある。また中学校男性教員は30歳未満で83％であるのに対し，50歳以上は49％と急減している結果が報告されている（社団法人 国際経済労働研究所（大阪市）と日本教職員組合の共同調査。調査は全都道府県の小中学校，特別支援学校の日教組組合員を対象に2010年11月から翌年1月までに実施。「朝日新聞」2011年9月26日付朝刊）。教職活動めぐるこうした教員の意識傾向は学校づくりにとって，人をつくる，そして人を育てる学校づくりをどう進めていくのか，さらにはそれを可能にする，もしくはそれを支える学校文化・組織文化をどうつくっていったらよいのかという，これまでになかった課題をスクールミドル問題としてわれわれに投げかけている。

第3節　学校教育法の改正と「新たな職」の創設

1　「新たな職」…副校長・主幹教諭・指導教諭

　第166国会で，学校教育法，教育職員免許法及び教育公務員特例法，地方教育行政の組織及び運営に関する法律，いわゆる教育三法が改正された。いずれも2007年6月20日成立，6月27日公布された。

　学校教育法の改正は，2006年12月22日に改正された教育基本法を受け，学校教育目標などの見直しとともに，「新たな職」設置などのために行われた。改正学校教育法では，副校長，主幹教諭，指導教諭の職の設置について次のように規定した（小学校）。

　　第37条⑤副校長は，校長を助け，命を受けて校務をつかさどる。
　　　　　⑥副校長は，校長に事故があるときはその職務を代理し，校長が欠けたときはその職務を行う。その場合において副校長が二人以上あるときは，あらかじめ校長が定めた順序で，その職務を代理し，又は行う。
　　　　　⑨主幹教諭は，校長（副校長を置く小学校にあっては，校長及び副校長）及び教頭を助け，命を受けて校務の一部を整理し，並びに児童の教育をつかさどる。
　　　　　⑩指導教諭は，児童の教育をつかさどり，並びに教諭その他の職員に対して，教育指導の改善及び充実のために必要な指導及び助言を行う。

　学校教育法施行規則では，小学校では教務主任，学年主任のそれぞれが担当する校務を整理する主幹教諭をおく場合のほか，特別な事情あるときはそれぞれ教務主任，学年主任をおかないことができるとした。また教務主任と学年主任は，指導教諭または教諭をもって充てることにした。幼稚園，中学校，高等学校，特別支援学校ではこれらの規定を生徒指導主事，進路指導主事について同様に定めるとしている。

　こうした学校の組織職制の特徴は，まず校長から委任を受けた校務の一部を自らの権限として校長に代わって直接処理できるように副校長職を設置したこ

とである．ここには経営業務の増加とそれにともなう業務と責任のシェアの必要性に対応した判断がある．当然に副校長は教頭の職務上の上司となる．ここに三～四つの職制が層をなしてライン関係を形成し校務運営にあずかる組織関係が誕生することになった．学校経営を校長と副校長が一体となって推進し，教頭が彼らを補佐する仕組みがつくられたことになる．ただ，校長，副校長，教頭の三職制をおく学校はほとんどないだろうから，実際には校長―副校長，または校長―教頭のいずれかのかたちにまとまるのではないかと考える．そして将来，東京都がすでに導入，実施しているように教頭制を廃止し副校長制に一本化する可能性もある．次に，主幹教諭を設置して教務や生徒指導など校長の命を受け担当する校務についてほかの教員に対して指示することができることにした．これは中間管理職である．また教育指導に関してほかの教員に対して指導，助言する職制として指導教諭を設置した．主幹教諭と指導教諭はいずれも主任の場合と異なり，教諭の充て職ではない．これらの職は独自な給与体系にあるとともに，管理と指導におけるリーダーとして主任の上位に位置づく管理職と指導職である．学校要覧などに示される教職員組織では校長―副校長ないしは教頭に続いて主幹教諭，指導教諭が位置づいている．

　主幹教諭と指導教諭それぞれの機能，職能，職制の関係イメージを教員の職能成長および教職キャリアの観点から図示すれば次頁のようになる．教員は新任期を経て5年，10年と実践と経験を重ねる過程で他者からの役割期待を背負い，それに応えながら教職キャリアの自己決定と自己選択を迫られ，もしくは行いキャリアを重ねていくことになる．教員になりたては授業や生徒指導で精いっぱいであるが，次第にマネジメント機能と指導機能のいずれか，もしくは同時に期待され，それに応えられるようになっていく．職制とは関係なしにミドルの役割を果たしている現実もある．主幹教諭であれ，指導教諭であれ，多くの教員はミドルとしての役割を立ち振る舞うことになる．なかには，他者からの期待や要請を拒否して自己の専門性，教育実践にこだわり，わが道に徹する教員がいるかもしれない．教職にはそうした道がある，もしくは残されていることが教職の特色，独自性であり，それはそれとして立派な立ち振る舞い

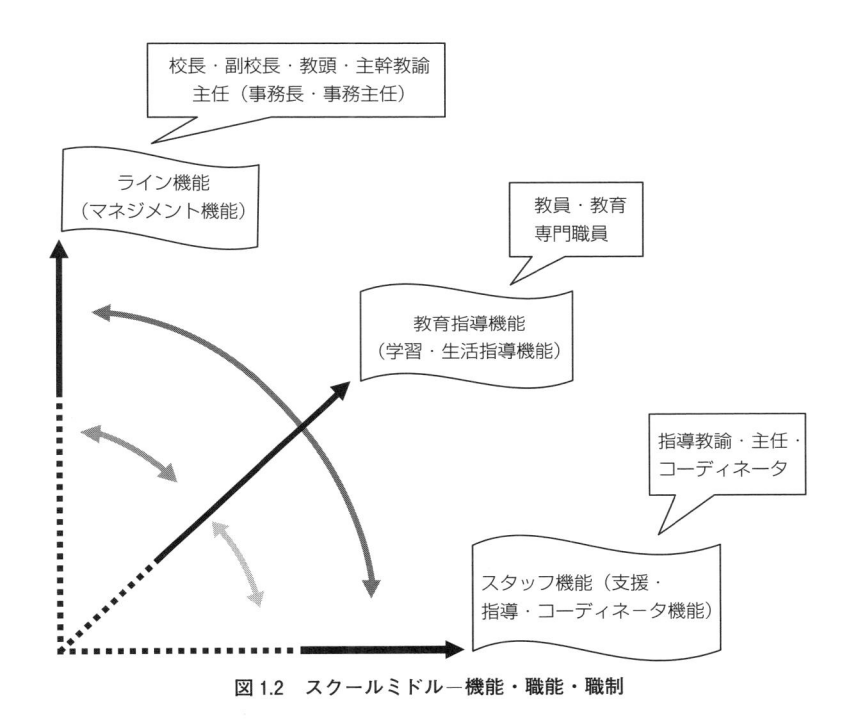

図1.2　スクールミドル―機能・職能・職制

（ライン機能（マネジメント機能）：校長・副校長・教頭・主幹教諭　主任（事務長・事務主任）／教育指導機能（学習・生活指導機能）：教員・教育専門職員／スタッフ機能（支援・指導・コーディネータ機能）：指導教諭・主任・コーディネータ）

である。考えてみれば，教職はそうした専門性をベースにサービスしているわけで，それがしっかりしていればそれで事足りる職業でもある。しかし同時に学校は協働やチーム力が必要な仕事場，職場であり，人とのつながりのなかで成り立っている。おのずと自己の専門性の追究と個業の達成だけでは終わらない職業でもある。「協働の専門性」[3]といわれる所以がここにある。

副校長，主幹教諭，指導教諭の新たな職は，学校の裁量権限拡大のもと，学校づくりのビジョンと戦略にもとづいて学校経営を担う経営者校長像を描き，そのリーダーシップに期待し，それを発揮するために必要な職制，組織として制度設計されたものである。そのいずれの職においても，校務執行機能の分担という面と教育指導機能の分担という面を有していることが特徴である。

副校長には学校の経営機能を充実，強化させるという戦略のもと，とくに校

務執行の担い手として期待した。そのために校長からの委任事項について自らの権限として執行できるようにその職務権限を明確にした。教頭の職務権限との違いを鮮明にするために「教頭の職務は，校長を助けることの一環として校務を整理するにとどまるものであること」にした（事務次官通知）。「校務をつかさどる」副校長と「校務を整理する」教頭を職制の上で明確に区別したのである。

　思えば，教頭はしばらく教諭の充て職であった。1974年教頭職が学校教育法改正で規定され，これで教頭職は校長の補佐職として独立職になったと関係者は喜びに沸いたが，校長の補佐以上の機能，権限はないままであった。校長のリーダーシップのもと，組織的・機動的な学校運営を進めるためには，いわば経営陣を強化，充実させることが自律的学校経営を構築するうえでも不可欠だとする認識が広まり，教頭職にはなかった機能と権限を付与して副校長という新たな職を設置することにしたのである。

　以上のことから，学校経営上の変化は必然である。その第1は，経営層が厚くなり，その機能が膨らみ，かつその権限が増大し，鍋蓋だといわれてきた学校組織において校長・副校長の鍋蓋つまみが膨らみ，強靱になり，そして管理機能がこれまでに増して強くなる。そうしたなかで経営層が独自なすぐれた識見を有し，それにもとづくリーダーシップを発揮しうるかどうかが成否を握る。副校長への委任事項についても，わが国ではそう多く実績がないだけに運用上の工夫が待たれる。教頭職の受験者を多くするために魅力ある教頭職づくりをするため，委任事項を導入しようとしたところ，例えば学校行事を教頭への委任事項にすることに校長（会）は反発したこともあった。教頭は教員の頭であり，教員集団のトップでもある。教頭を副校長と同列におくことができないから今次の改正になったと考えられる。それならば教員集団のトップとして教頭職を再定義し，その機能，職務，権限，そして職制を新たに構想することがあってもよいのではないか。そうしたクリエイティブで斬新な学校づくりが今こそ求められている。

　主任制が機能しなくなったとする認識は，主任職の一部に管理機能を付加し

た職制（主幹教諭）と指導機能を付加した職制（指導教諭）に再編して，これまでの主任職と区別して独立させ，校長・副校長・教頭を補佐する「新たな職」創設につながった。「新たな職」の設置はそうした意思にもとづく措置である。

　これまで主幹教諭については多く語られてきているが，指導教諭についてはもう一つの感がする。ある市では，指導教諭が設置される率は主幹教諭の設置に比して低い。それはなぜか。指導教諭は学校ごとに自校の必要や課題に対応して，とりわけ各教員，各教員チームに実践的で専門的な指導を行うことが期待されている。その意味で一般的な意味での指導教諭の職務を設定しえても，それはあくまでも前提で具体的にはまさに自校の課題解決を大切にし，それに丁寧に対応することが重要になるが，その自校の課題を何にするかが関係者の間であいまいのままで設定しえないでいるからである。

　次官通知で指導教諭職を説明するにあたって，あえて指導主事職を取り上げ，それとの違いをクリアにしようとする。なぜか。指導主事は教育委員会に所属し所管校全体を対象に校長，指導教諭などを含めた教員を対象に指導・助言するなど専門的事項に関する事務をつかさどるのに対して，指導教諭は学校を単位に教員を指導するというように，指導主事とは異なる職だと強調するために指導・助言の対象や事項を明確したものと思われる。指導主事は教科や領域の専門性が重視されるのに対して指導教諭はこれと並んで学校の教育計画，とりわけ学校の実態をふまえたカリキュラムマネジメント（カリキュラムの開発，教育計画，カリキュラムの実施運営，動機づけや指導などを含むコーディネーティング）を職務の中心におくからである。特定の教科・領域に限定される「学校の中の指導主事」「ミニ指導主事」ともいえるが，こうした認識がなかなかできないため指導教諭の設置が進まない理由となっている。

　とすると，指導教諭は授業をしながら勤務校または地域の学校に関わる，教育指導をもっぱら職務とする専門職型ミドルだといえる。筆者はこれからの学校には児童生徒の学習と生活を設計し，実施運営することに特化した「学習・生活支援コーディネータ」というような専門職型教員もしくは専門職型のスクールミドルが必要ではないかと訴えてきた[4]。こうしたミドルを指導教諭の

一つのかたちとしてもいいのではないかというのが筆者の考えである。

　子どもの意識や行動が多様化・複雑化し，そのなかで不登校・いじめなど子ども問題の解決に対応するために，また学力育成・向上のためのプログラムや学力不振児童生徒のためのプログラムに対応するため，さらに児童生徒の学校生活を人間性や社会性の育成，社会への貢献などの活動に向けて企画，実施運営して豊かな人間性とたくましい人間を育成するため，そうした活動のプログラムを企画，実施運営する責任をもつような新たな専門性と力量を備えた，いわば総合的専門職型リーダーが求められるようになってきていると考えるからである。

　その理由は，こうである。児童生徒の意識や行動がわれわれの大人の理解を超えて，「異界」という言語で子どもの変化が表現されもした。現在，パソコン，ゲーム機，携帯電話などのさまざまな機器の出現によって，また子どもを取り巻く社会の変化によって，子どもの意識と行動にわれわれの想像を超えて多様化，複雑化，そして多元化を刻んできた。また市場と競争によって社会を構造化しようとする思想（新自由主義）によってつくり出された格差という現象と現実は，社会における格差だけでなく，地域，家庭，学校，教育，学力のそれぞれにおいても格差を顕在化させ，拡大させた。ゆとり教育を原因とみる学力低下論は，学校と教育，そして学力における格差を先鋭化させた。他方，学校には児童生徒に生きる力を育み，自立する能力を形成することが求められるし，文化の伝達，人材育成という，学校教育の伝統的で基本的な役割を果たさなければならない。こうしたなかにあって，学校における児童生徒の学習と生活をどう設計するかは，これまでのように学習指導要領をベースとするカリキュラム開発やマネジメントだけでは対応することは困難になってきた。

　こうした理由から児童生徒の学習と生活を構想し，それを実施運営する職務を担う職制を新しい専門職として設置することが不可欠であると考える。それは，児童生徒の学習と生活を設計し，実施運営することに特化した「学習・生活支援コーディネータ」というような専門職型のスクールミドルである。カリキュラムユーザーからカリキュラムメーカーとしての専門家の育成である。学

習・生活支援コーディネータは，学校における子どもの学びと生活を総合的に企画，実施運営するために，その指導に関わるスタッフ（教職員，養護教諭，栄養士，カウンセラー，スクールソーシャルワーカー，学校ボランティア，地域の人材など）の専門性や機能を生かし，目標達成に向けて組織し，機能させる役割を担う，新しい専門職型リーダーである。こうした問題意識に立って筑波大学教育研究科（修士課程）のスクールリーダーシップ開発専攻にスクールリーダーコースと学習・生活支援コーディネータコースの2コースが設置されている。このうち，学習・生活支援コーディネータコースについて研究科案内は，「生徒指導やカリキュラム開発などの専門的知見や技能をもって児童・生徒のかかえる問題に対処できる専門職型のリーダー」を育成すると説明している。

　主幹教諭や指導教諭が導入され，スクールミドルやミドルリーダーの役割が注目されている。こうした職制をどう生かすか，またそもそもこうした職制が学校に，また学校がよくなるために必要であるのかの吟味が必要だ。指導教諭を配置しても，それがこれまでの教務主任や研究主任と同じことをしているのではないかという疑問が残る。主幹教諭の配置と比べて指導教諭の配置はもう一つという現実もある。児童生徒の学習と生活を設計することに専念する，まさに新たな専門職型リーダーを育成し，それを制度化することが戦略的意味をもっている。ここに指導教諭という職をかぶせてもよい。

2　「新たな職」の学校経営政策
(1)　主任制の見直し

　学校の組織運営の見直しについては，すでに1998年の中教審答申「今後の地方教育行政の在り方について」で組織的・機動的な学校運営を期して校内責任体制の確立という観点から主任制の見直しを提言し，特定主任の経営スタッフ化を示唆していた。答申では「主任制については，学校の裁量権限の拡大に対応し，その責任体制を明確にするとともに，学校がより自主的・自律的に教育活動を展開し，組織的，機動的な学校運営が行われるようにするとの観点から，校長を支えるスタッフとして全国共通に置くことが適当なものと，学校の

種類や規模，地域の状況等に応じて各学校ごとに置くことが適当なものとを改めて整理し，その在り方を抜本的に検討すること」としていた。それは学校の裁量権限の拡大，学校の経営責任の明確化，校内責任体制の確立，参加・参画型学校経営の推進，校長の権限拡大・強化などを特徴とする学校経営改革の実現との関連で行われたものである。その後の学校経営政策は，これを基点とし，校内責任体制の確立に向けて学校運営システムの構築を図ってきた。「新たな職」の設置は，こうした政策を具体化したものである。

　答申が打ち出した校長の権限拡大は，自ら判断し，決定する業務量を多くするとともに，業務も高度化，多様化，多元化，複雑化するなど仕事の種類や量の増大，仕事の性質や質の変化を引き起こす。経営責任も明確にしなければならない。そのためには補佐し，支援する人たちの増員もさることながら，その補佐する機能，組織をこれまで以上に確かなものにし，充実していかねばならない。補佐機能を構成するライン機能とスタッフ機能を新たな環境に対応して変える必要があるという認識である。

　主任制が機能しなくなったとする認識は，主任職の一部にもしくは主任制とは別に管理機能を付加した職制（主幹教諭）と指導機能を付加した職制（指導教諭）を創設し，これまでの主任職と区別して「新たな職」をつくり，それによって校長を補佐する「校内責任体制の確立」を視野に「新たな」ミドル機能に期待した。「新たな職」の設置はそうした意思にもとづく措置である。

　主任制は，1975年，学校教育法施行規則の改正により制度化された。学校運営には規律を守り，規律をつくるための管理と教育活動を適切に指導するという二つの機能がある。主任はこのうち教育指導の面を担当するとされた。これについて「それぞれの学校はすべての教員の協力のもとに，自分の学校の指導要領というべきものをもっていなければならない。その作業に励み，校長あるいは教頭に意見を述べて，自分が所属する学校の教育活動の方針をつくっていく点に，各種の主任の重要な役割がある。主任は校内の規律を重んじ，校長や教頭の方針に従って活動し，これを補佐する反面，関係の教員の参画を得て意見をまとめ上げ，またこれを指導していかなければならない」のように説明

されていた（永井道雄文部大臣の見解「調和のとれた学校運営について」1975年12月6日）。また主任の性格は中間管理職でなく，「教育指導職」とした。答申は，こうした考え方を受け継ぎながら，主任を校長と教頭を助ける「経営スタッフ」と位置づけ，学校経営においてその機能を重視し，それを十分に発揮することがこれからの学校経営で不可欠だとして，法令上の位置づけを含め主任制のあり方を見直す必要があるとした。今ある主任制は，①地域によっては形骸化している，②学校の種類，目的，規模などに対応したものとなっていない，③学校が直面する課題に機動的に対応するうえで，主任の権限が中途半端，あいまい，④職務の規定と実際に行っている職務と合わない，という問題点があり，全国共通に設置するものと学校の種類や規模，地域の状況に応じて各学校ごとに設置するものに区別し，そのあり方を抜本的に検討する，処遇の改善方策を検討するとしている。

　1975年に制度化された（学校教育法施行規則）主任制は，ひしめく40歳代，ミドル層の職制化などへの対応という面もあった。日教組はこれに対して教職員への管理強化や組織防衛などの観点から2度目の非常事態宣言を発して抵抗，反対運動を展開した（最初の非常事態宣言は勤務評定反対闘争）。その後1995年，日教組は文部省との対決路線から協調路線の転換を図り，主任制は一部の地域を除き学校組織のなかで比較的安定した制度となっている。しかしながら，一部の地域では主任制への抵抗が残り（例えば主任ではなく「世話係」と呼び，主任手当を組合に拠出している地域もある），主任制が期待した効果を上げていない地域があり，また主任制の受け入れがスムーズになされている学校であっても，期待された機能が十分に果たされていないことなどが指摘され，現行の主任制を見直す必要があると指摘されるようになった。

　このたび学校教育法が改正され，校長のリーダーシップの下で組織的・機動的な学校運営が行われるよう，学校の組織運営体制や指導体制の充実を図るため，新たな職として副校長（副園長），主幹教諭，指導教諭をおくことができると規定された。主任制は省令（学校教育法施行規則）で規定していたが，新たな職は法律による規定である。とりわけ主幹教諭，指導教諭は一定の資格や条件

を備えたミドルを職制として法制化したものである。そのねらいは，校長が自らの経営理念のもと，学校づくりのビジョンや戦略を実現するリーダーシップを発揮して組織的，機動的な学校運営を実現しやすくすることにある。ミドルには学校づくりのビジョンや戦略を実現する一翼を担うということと，分担する校務を計画，実施運営する役割を果たすことが期待されている。同時に曖昧であったとされる校内責任体制を明確にし，確立することをめざしている。主任制は組織的，機動的な学校運営を実現することに役立っていないばかりか，それを阻害してきたという行政側の認識がそうさせた。当初，主任の経営スタッフ化という主任制の再編で臨もうとするかに思われたが，この方針を放棄し，主任制とはまったく別個な職制をつくったことになる。新たな職に主任制よりも高い地位・権威のほか，指導と管理の権限を法的に与えることで達成しようとしたのである。

　主任制の見直しをいち早く手がけた東京都は2003年度から主任とは別に「主幹」を新たな職として設置し，それを中間管理職とした制度をスタートさせた。給与表も教諭のものとは区別し別体系とした。教務主任，生徒指導主任，進路指導主任などの主任を「主幹」として特化し，これを一般教員の職務上の上司と位置づけた。そこでは学校組織を「経営層（校長・教頭）」「指導・監督層（主幹）」「実践層（教諭等）」に区分し，「指導・調整層」を「新たな職」とし，次のように教頭の補佐と教諭等への指導・監督をその機能とした。

　①教頭の補佐機能—学校運営に対する意見の具申や相談
　②調整機能—担当校務の状況把握と学年間や校務分掌間の調整
　③人材育成機能—教諭等への指導・助言と校内研修の実施
　④監督機能—適切な指示を通した担当校務の進行管理

　主幹は教育委員会が任用管理（異動等）を行う任用上の職である。主幹の処遇は，主任手当ではなく，給料表に「職務の級（特2級）」を設け，主幹級（特2級）選考合格者などに適用し，「給料として支給する」。これまでの主任はそのままにする。したがって，主幹は教務主任などの主任の上司の位置づけである[5]。都は主任層を主幹職と主任職に分化させ，前者を中間管理職と位置づ

けた。

　学校主任の制度上の職務は当該分掌の企画立案，連絡調整，指導・助言である。これを具体的に展開するために，主任には当該分掌組織におけるチームワークや人間関係の維持・促進，情報の収集・加工や創造・発信，組織の活性化と変革，学校の意思形成への寄与などの役割がある。学校主任とは，本質的にこうした機能と力量が期待されている職制だと考えるべきだろう。主任はこれまでも経営スタッフとして期待され，またそうした役割を演じてきた。しかしその実際の活動では，当該部門組織における活動を企画し，実施，運営するという働きを重視していた。これは，いわば伝統的な主任の役割期待である。部門組織に限りなく寄り添い，組織を動かしていくという機能である。学校の意思形成に特別な期待をもたれていても，また校長への補佐が期待されていても，部門組織の意思にもとづき，その立場からかかわるというものである。

　振り返ってみると，激しい反対のなかで，また大荒れに揺れた国会のなかでどう決着をつけ成案にするかに悩みながら，中間管理職ではなく「教育指導職」だとして制度化させた主任制であったが，先に述べた文部大臣見解「調和のとれた学校運営について」のなかで「校長あるいは教頭に意見を述べて」「学校の教育活動の方針をつくっていく」「関係の教員の参画を得て意見をまとめ上げ，またこれを指導」というような文言を入れた「文部大臣見解」を自ら練り上げえたのも，久方ぶりの学者文相であった永井道雄（当時京都大学で専門は教育社会学）だからこそ，なしえたのかもしれない。実はこうした文言がその後，文字どおり語られ，実体化してきていたならば主任制は見直されることなく，その充実に向けて展開していたのかもしれない。

(2) 学校経営スタイルの変化と校長の補佐

　学校の権限拡大などをめざした学校経営改革によって学校経営のスタイルはこれまでと比べてずいぶん変化した。それにともない校長の裁量権限が拡大し，学校の意思は学校のトップリーダーである校長が代表し，かつ最終的に決めるものとする考えを明確にした。それは，校長が自己の教育方針や経営方針にもとづいて学校を運営し，校長のリーダーシップが発揮しやすいような意思決定

のシステムを構築することが重要だとする認識とセットである。校長をトップリーダーとして権限を一元的に行使しうる存在として確認するとともに，学校としての意思を名実ともに最終的に決定する責任者とした。他方，拡大した権限を十分に行使して学校づくりのビジョンと戦略にもとづいて経営を担う経営者校長像を描き，そのリーダーシップに期待した。こうした学校経営スタイル，そして校長のリーダーシップスタイルを支え，補佐する職制，組織が必要とされた。それは学校の権限拡大にともなう校長と教頭の業務の増加に対してそれを補佐する機能の必要からだった。

　これまで，学校経営は教育を中心に展開されていた。学校が教育機関であるからそれは当然ではある。カリキュラムや教員の指導力，児童生徒の指導など教育中心のマネジメントであった。しかし教育をめぐってもクレイマー，苦情処理などへの対応，特別支援教育などの新たな問題や課題に対応する必要が出てきた。ところが教育以外の業務分野が生まれることで業務量が増加する。例えば情報公開など情報マネジメントの積極推進，学校評価，教員評価，学校運営協議会など開かれた学校経営，学力調査など，これまでになかった，もしくは教職員のメンタルヘルスなどこれまでそれほど関心を向ける必要がなかった経営業務に対応しなければならなくなった（経営内容・業務の多様化と増加）ことや，経営責任の明確化，校内責任体制の確立，参加・参画型の学校経営，評価にもとづく学校経営，自律的学校経営の構築に対応するスクールリーダーシップの変化などが求められるようになった（経営の質や経営スタイルの変化）ことで学校経営の質量が大きく変化した。当然，仕事は増え，それに対する経営責任を負わねばならない。多忙は極まる。以前は学校職員すべてが専任であったが，多様な職員，多様な勤務・雇用形態の職員が増加した。協働，チームの形成が危ぶまれ，それを克服して学校力構築に向けた協働・チームの創造に力を注ぐ必要もこれまで以上に出てきた。学校は教育事業の経営体として，経営機能を強め，その質を高めなければならなくなった。

　こうした新たな経営業務と業務量の増加は経営スタイルの変化と経営の質的転換を求めるとともに，校務運営の抜本的改革へとつながった。これは業務と

権限をセットにした分散や委任を生み，それを「新たな職」を導入することによって対処したといえる。教頭の多忙化が言われて久しい。朝7時半に出勤し，帰宅は夜10時というのはザラである。部活や行事で土曜，日曜も休みなしということも珍しくない。副校長制をとる東京都が，学校の多忙化解消に向けた課題を探る目的で小中学校副校長の業務実態を聞き取り調査（2010年）したところ，休日数の半数以上は勤務日とする回答が小学校で91％，中学校で77％あった。その理由は，校内の役割分担が明確になっていないため，さまざまな業務を副校長が背負うことになるからだとしている。これを受け2011年2月10日校務改善の方向性を示した報告書をつくり，学校に副校長の実務を支援する副校長直轄の「経営支援部」を設けるとした。「経営支援部」は主幹教諭や常勤の事務職員らが担当する分掌で教務や生活指導など各部を統率することを役割としている。副校長を主幹と主幹を責任者とする分掌組織の二つでサポートする仕組みである（「日本教育新聞」2011年2月28日付）。また東京都教育委員会では，副校長ら管理職選考試験の受験者がここ10年激変した。2011年7月の選考では受験者は483人で，うち合格予定者は450人だった。副校長は7時出勤，夜11時帰宅の「セブンイレブン」と言われもする。忙しい割には待遇がもう一つ，教職員から信頼や尊敬が高いともいえない，校長と教職員の狭間でストレスも大きいなどが理由で，副校長になりたくないとする教員が増加した。管理職試験も受けたくない，受けない，管理職になりたくない教員が増加したのである（「朝日新聞」2011年10月25日付夕刊）。こうした傾向は東京ばかりでなく，全国的傾向である。校長も多忙を極める。文部科学省の「教員勤務実態調査報告書」（2007年）によると，通常期の勤務日における平均残業時間量は，小学校の教頭・副校長は3時間13分，中学校の教頭・副校長は3時間23分で，残業時間は相当に多い。ミドル層，一般教員も例外ではない。

　学校経営の変化はこうした状況をさらに深刻化させ，校務運営のシステムの見直しを視野においた「新たな職」の導入につながったといえる。1998年の中教審答申では新たな職の設置を示唆していたが，その輪郭ははっきりしていなかった。その後，2004年の中央教育審議会・初等中等教育分科会・教育行

財政部会・学校の組織運営に関する作業部会「学校の組織運営の在り方について（作業部会の審議のまとめ）は，学校の権限拡大などに対応した組織的な学校運営が求められているから，校長や教頭の学校運営を支える機能が重要であり，学校においては集団としての力を生かすことが求められる。このためグループをまとめたり調整を行う中間的な指導層の役割も大切であり，新たな課題への対応も含め，さまざまな専門職や外部の力の活用が求められ，これらを有機的に連携させ，学校全体の総合力を向上させるよう調整を図る機能も大切であるというように，指導機能もしくは管理機能を有した職制設置を提言している。具体的には，校長や教頭を支えるものとして，例えば教頭や教務主任などを副校長や副教頭として位置づけ，これに一定の権限を委ねるような仕組みのほか，教育課程管理などにおいて主任が機能するよう，あるいは，必要に応じ，管理職を補佐して担当する校務をつかさどるなど，一定の権限をもつ主幹などの職をおくことができるようにする仕組みを提言した。2007年中教審答申「今後の教員給与の在り方について」は，学校運営にかかわる教頭の業務量の増加に対して教頭をサポートする必要があり，そのために教頭の複数配置のほか，副校長，主幹教諭の設置について，「校長を補佐し，担当する校務を自ら処理する副校長（仮称）制度や校長及び教頭を補佐して担当する校務を整理するなど，一定の権限を持つ主幹（仮称）制度の整備を行うことが必要である」のように学校の組織運営の見直しと新たなミドルの職制を指摘した。また学校の指導体制の充実としては，「指導力に優れ，他の教諭等への教育上の指導助言や研修に当たる職務を担う指導教諭（仮称）の職」を設置することを提言していた。

　このように校長，教頭の学校運営業務量の増加を理由とする副校長職や主幹・指導教諭の設置は，文部科学省の多くの政策文書で指摘するところとなっている。

　次は意思決定システムに関わるもので，校長のリーダーシップを発揮しやすくするという観点から，補佐機能を重視した組織原理，意思決定原理にもとづく学校運営組織を確立する方向である。これは校務運営における校内責任体制の確立を視野に展開されている。専門性原理よりも官僚制原理を優先させて学

校の組織原理とする考え方で，合議制原理よりは責任制原理を組織原理とする考えと重なり合って，専門性原理と合議制原理を大きく後退させた。合議制は専門的意思，判断を尊重し，それにもとづいて学校の意思を形成，決定しようとする組織原理であり，またその仕組みである。実際の学校運営では職員会議は学校の教育意思を形成，決定する際の合議制組織として期待され，存在してきた。またそれは専門的意思を束ねたものとして学校自治の組織であると受け止められてきた[6]。これを改め，校長の円滑な職務の執行に資するために，学校の教育方針，教育目標，教育計画，教育課題への対応方策などに関する教職員間の意思疎通，共通理解の促進，意見交換をその機能に求め，補助機関として職員会議を法令のうえで明確にし，運営の適正化を図る必要があるとした。省令は「設置者の定めるところにより，校長の職務の円滑な執行に資するため，職員会議を置くことができる。職員会議は，校長が主宰する」ように定め，事務次官通知では「校長の職務の円滑な執行を補助するもの」であると，その性格を補助機関とした。職員会議を補助機関化しながら，他方で職制にもとづく学校運営と「校内責任体制の確立」の実現をめざしたのである。「校内責任体制の確立」の確立は1998年中教審答申で指摘されていた。それは校務運営の効率化，意思決定の円滑化，校長の意思の実現とリーダーシップの発揮を可能にするための措置である。答申では主任制の見直しとしていたものを，管理機能と全校的指導機能を組み入れ，「新たな職」の設置によって可能にしたのである。

(3) **学校経営政策と学校事務改革**

　学校経営政策，または学校経営改革にともなう学校事務の変化と学校事務ミドルについてもふれておかねばならない。自律的学校，ないしは自律的学校経営の構築は学校事務環境と学校事務内容に大きな変化をもたらしつつある。例えば，後述するように学校経営の質と量の変化は学校事務でもその質量において業務内容とスタイルを変革することを求めた。「学校の裁量権限の拡大」は予算や財務に関わるマネジメントの質的，量的変化を生み，予算業務の学校裁量の拡大・弾力的運用，財務管理（予算・契約・経理・物品管理）の適正で確か

な運用をこれまで以上に推進することが期待されている。これらと関わって，経営資源の調達・活用・運用に関わる自己調達（ヒト・モノ・カネなど）業務の増加などにより「新たなマネジメント」を学校事務として積極的に展開する必要が生まれた。また情報公開，開かれた学校づくり，説明責任，学校評価，学校評議員制，学校運営協議会など，「新たな経営活動」にかかわる業務は学校事務の質的転換と情報マネジメントの積極推進という課題を生んでいる。さらに「学校事務業務の増加」はその効率的処理とシステムを求め，例えば学校事務の共同実施を加速させている。大阪市立小中学校事務研究会は学校間を横断した学校事務モデルとして学校間「連携グループ」の構築を視野においた学校事務処理体制を構想している。それは学校事務処理体制の改革にとどまらず，学校事務の考え方や学校事務処理における人間の問題（例えば事務の共有・共同はその処理のみならず担当者の協働とつながりという人間の問題）に踏み込んだ学校事務総体にかかわる変革的意思をにじませた動向として注目される。以上の変化に対応，ないしは対処するためには学校経営の意思決定過程への学校事務職員の参加が決定的な意義をもつようになった。当然にこれらは，学校事務スタッフおよび学校事務ミドルの役割にも変容を促すことになる。

　以上の学校事務の変化は，学校事務担当能力と学校事務リーダーシップの高度化を必要とする。学校づくりのビジョンと戦略とそれにかかわる情報を共有し，経営と事務が一体となり，もしくは有機的な関係，協働をつくりながら対応，推進することが不可欠となってくる。学校事務という"実務"の役割とその高度化がこれまでになく強く期待され，学校事務職の専門性の向上，研修の充実と並んで学校事務担当者の職務遂行能力の高度化が求められる理由がここにある。

　2008年，学校教育法施行規則を改正し，小中学校で事務主任のほかに事務長を設置することができるとし，「事務長は，校長の監督を受け，事務職員その他の職員が行う事務を総括し，その他事務をつかさどる」（46条。なお「事務主任は，校長の監督を受け，事務をつかさどる」）と規定した。校長を補佐し，校長の経営ビジョンや戦略の実現，およびそのためのリーダーシップをどのように

したら学校事務として補佐，サポートするかが学校事務の役割であるとし，それを新たな職制の設置で対応することになった。

中教審答申「今後の教員給与の在り方について」（2009年）は，教員の校務を整理したうえで，なお教員が行う必要のある学校事務については，軽減・効率化を図り，時間外勤務を縮減していくことが必要である，教員がかかえる事務負担を軽減するため，事務職員が学校運営に一層積極的にかかわるとともに，そのサポートにより，教員の事務負担を軽減することができるよう，事務の共同実施の促進，事務職員の質の向上のための研修の充実などを行うとともに，教育委員会の判断により大規模な学校や事務の共同実施組織に事務長（仮称）をおくことができるように制度の整備を行うなど，学校事務の合理化・効率化とともに，事務処理体制の確立と充実を提言した。小中学校における事務長の設置は，学校経営の質的，量的変化に対応した学校事務のマネジメントをより確かなものにするための措置であったということができる。しかし，教員の事務処理の多忙化という理由からのみ学校事務を共同実施し効率化を図るというように捉えるべきではない。学校事務のイニシアティブ，学校経営への参画という視点が，これからの学校事務の自己変革に不可欠だといえる。例えば「いい学校」とはどういう学校なのかについて，「学校力」という観点から児童生徒や保護者，さらには地域の人たちにアンケートを実施し，それを学校づくりのために生かすとか，彼らが「いい学校」づくりのために何を求めているのかなどを調査し，学校づくりのアイデアを見いだしていく。「今あなたの学校に必要なものは何ですか」というアンケートでもよいだろう。こうしたことは，学校事務がイニシアティブをとり，もしくは共同で実施を提言することができる。学校事務から最も遠いところにあると思われる教育活動に対しても学校事務は学校づくりという視野から，まさに戦略的にかかわり，参加し，協働を実質化することができるのである。同時にこれは学校事務の専門性の確立，学校事務職員の職務遂行能力の高度化と一体であることを忘れてはならない。

学校事務には，行政事務の執行，学校経営事務の執行という面がある。俗っぽくいえば，行政側に立つのか，学校側に立つのかというスタンスを日常的に

経験するだけでなく，そうした立場を明確にしなければならない場面に遭遇する。そのいずれにあっても，学校事務執行におけるバランスのとり方，微妙なスタンスが大切となる。これをうまくコントロールすることによって孤立，孤独から脱却する道も開かれる。同時に，学校事務職に対する誇り，熱い心，生きがいを共有することと並んで，学校事務職の専門性の確立と高度化，職務遂行能力の向上，学校事務スタッフの協働とつながりがつくられる。

(4) 協働・チームなど教員集団への注目

これまで研究者の間で広くその意義が語られ，研究が進められてきた，「学びの共同体」「チーム」「協働」「集団としての活動」「集団としての力」「総合力」などの用語が近年，教育政策でもキーワードとして語られるようになってきた。2004年の中央教育審議会・初等中等教育分科会・教育行財政部会・学校の組織運営に関する作業部会「学校の組織運営の在り方について（作業部会の審議のまとめ）」は，学校においては集団としての力を生かすことが大切であり，チームとしての機能を発揮し，学校全体の組織力の向上につなげることが重要であると述べている。チーム力，集団としての力，そして協働の力をつくり，それを活性化し，学校の総合力の形成につなげていく役割をミドル層に期待しているのである。そのための戦略を教員の評価と処遇，教職キャリアの複線化に求め次のように述べている。つまり，優れた教員を任用面で遇するには，これまでは管理職への登用しかなかったが，教職員と管理職の能力は必ずしも一致するものではなく管理職には向いていない場合もある。このため，管理職への登用だけでなく，教職員として専門性を高め，これに管理職に相当する位置づけを与え，現場でキャリアをまっとうする道，教職員のキャリアの複線化を図る必要がある。キャリアの複線化を図る場合には，例えば，30歳代くらいまでを持ち味を探す時期，30歳代から40歳代をその持ち味を磨く時期として，そのうえで40歳代半ばくらいにいずれの道をめざすのか選択することとし，その後，管理職をめざす場合には主幹などとなり，あるいは後述の管理職候補者登録制などにより，その資質を育成することも考えられるのではないか。また，系列間移動の道も開いておくことも必要となると考えられる。また，教育

指導の専門職として高い能力のある教員を適切に位置づけることにより，前述のチームなどにおいてほかの教職員の指導的な役割を担わせるようにすることが考えられる。高い指導力のあるすぐれた教員を位置づけ，それを例えば広島県のエキスパート教員や宮崎県のスーパーティーチャーなどの職種を設けることを検討してもよい。教頭としてまっとうする人，さらに前述のスーパー・ティーチャーなどとしてまっとうする人など，教職員のキャリアのあり方もさまざまなかたちがあってよいのではないかと考えるとしている。筆者はスクールリーダー教育の観点から，「プロフェッショナル・ティーチャー」と「プロフェッショナル・スクールリーダー」の教職キャリアを想定し複線化について指摘してきた[7]立場からすれば，何ら新しいことではないが，教育政策としてはこれまでになかった考え方であり注目してよい。チームや協働をどうつくるか，それを生かした学校づくりをどのようにするか，そしてそれらをどう機能させ，活性化するかは学校づくりに戦略的意義を有しており，果たして新たな職がこうした課題にこたえられるかが問われる。

第4節　学校づくりとスクールミドル

　学校の職制を多様化，多元化，かつ階層化させることが，「新たな職」設置の狙いである。そのことによって校長のリーダーシップのもと，組織的・機動的な学校運営が行われるよう，学校の組織運営体制や指導体制の充実を図ろうとした。懸念されることは，組織の"末端"にあって，教育現場の第一線で仕事をしている教職員（主任を含む）の勤労意欲，協働関係，貢献意欲，そして何よりも教育活動の質をより高め，学校の教育目標の達成に貢献しようとする学校づくりの意欲を高めることに果たしてつながるかということである。はたまた，仕事への誇り，満足感，達成感，自己実現を体感しうる労働環境と職場環境を実現することにつながるかということである。

　先生方と話していると，教員に今必要なものは，指導現場に限りなく身を寄せ，教員に刺激と助言を与え，指導力向上とチーム力アップに寄与し，また校

内研究を推進するスクールミドルだという。指導教諭の設置は理解できるが，主幹教諭の設置にはもう一つ積極的になれないのである。

　年齢，経験，得手不得手，実績，得意分野，人間性などにおいて，教員一人ひとりは異なる。他方，学校は組織として存在し，組織として対応し問題や課題を処理・解決している。学校運営の観点からすれば，教員が職務に充実感や達成感を得て自己実現を図り，学校問題の解決に貢献するよう仕向ける，ないしは動機づけることと並んで，彼らの力を束ねて学校問題を解決するシステムをどう構築するかが重要になる。そのひとつが職制の在り方だ。このたび法制化された「新たな職」について，それが各教員の自己実現と学校問題解決のシステムとしていかなる意味や意義を有したものであるかという観点から検討することが重要だと考える。

　繰り返すが，ミドルには職制を超えた機能，役割があると認識することが重要である。フォーマルな職務関係にとどまらず，インフォーマルな場面においても教職員への動機づけや人材育成を図っていく役割が期待される。また後ろ姿や仕事ぶりを見て自らそうした域に達しようと努力する，そうした存在になりたいと思わせる力がそこにはある。そうした役割や機能が学校のなかからなくなったり，弱くなってしまうと，教育活動の知や技，学校運営の知や技，さらには教育実践の文化や学校文化など学校の知や技が蓄積，維持，継承されなくなり，学校力の低下，衰退を招くことになる。また若手教員の育成やミドル自身の育成を難しくする。公式組織としてのシステムでは包みきれないところにスクールミドル（ミドルリーダー）の役割や機能の本質がある。

　スクールミドルは，必ずしも職制である必要はない。職制以外の教員もスクールミドルとして活躍する可能性を有している。この場合，このミドルは職制ではない。ある地域では初任者研修の指導教員となっている教員は今ある職制ではない。それなりの経験年数のある教員でその使命を自覚し，やりがいをそこに感じて職務を遂行している姿を目のあたりに見るにつけ，まさにスクールミドルとして活躍している姿を彷彿させてくれる。しかし，時に主幹教諭の機能・役割を，時に指導教諭の機能・役割をインフォーマルないしは事実上，果

たしていることになる。こう考えることが，もしくはこういう視野のもとで「新たな職」を考え，運用することが大切なことだと思う。

　30・40歳代の中堅教員は，学校でのそれ以前の年齢層の教員と，それ以降の年齢層の教員とは区別され，何か彼らとは違った役割が期待され，自らもそうした期待を自覚し，もしくは背負いながら職務をこなしている。ミドルの教育活動で中心をなす力量は指導力，授業力である。例えば，それは若手教員のものとは異なり，円熟した，いわばベテランの味を備えた授業力を有するものとして理解されている。したがって，当然にミドルは授業力を核とする教育活動では若手教員の教育活動を支援，指導する立場にあるし，またそう期待される。教育の専門家として名実ともに円熟した教員として存在し，若手教員たちに対して指導的な立場にあり，また彼らを指導する存在である。意識的にそうしているかどうかは別として，若手教員はミドルの仕事ぶりを見ながら，またアドバイスを受けながら自らの力量を向上させている。またベテラン教員といわれるミドル以上の教職経験者やスクールリーダーは，ミドルの仕事ぶりに刺激され，自らの役割と責任を自覚しミドルに対応する。そうしたミドルであれば，彼らに教育にかかわる活動や業務を安心して任せることができる。とりわけスクールリーダーにとって，そうしたミドルの存在は学校経営の推進において非常に心強いものであるし，学校における個人活動，組織活動に活力を与え，それらの活性化に相当な貢献をするのではないかと考える。

　ミドルへの期待は教育活動と学校運営に対するものばかりでない。学校経営においても重要な役割が期待されている。とりわけ，さまざまな問題や試練に直面し，それを乗り越えてきた経験と実績は校内での職能期待に変化を刻むことになる。それは教育活動を超えたマネジメントである。ミドルのすべてがそうであるというわけではないが，基本的にミドルはそうした職能が期待される。

　学校の運営は多くの校務分掌によって支えられている。教務，生徒指導，進路指導，学年部会，教科部会などのオーソドックスな分掌のほか，各学校が独自に取り組む活動に関する分掌も多々ある。そうした分掌を組織化し，組織を通して実施運営することがミドルに期待される仕事となる。部門的な業務，か

つ中間組織の業務がこの仕事の特徴である。これらの組織運営においてミドルに期待する役割は大きく，その役割期待に応えることができる力量が求められる。それはミドルリーダーとしての役割でもある。これについては，改めて述べることにするが，ミドルであるだけでなく，ミドルリーダーとして存在感を示すことが期待されている。

　学校は，フラットな組織であり，みんな同じ仕事をしているのだから，同僚的な関係をつくり，それを支える学校組織をつくることが重要だとする考え方が教員の間に根強く存在する。今それが大きく変わりつつある。いや変えようとする政策が進行しつつある。いわば伝統的な学校組織観が揺らぎつつある，変化しようとしている。「新たな職」が学校をよくすることにつながるために，どうあったらよいのか。これを考えるために，例えば主幹教諭をおいた学校と指導教諭をおいた学校で，学校力がどう変化し，高まったか，また教職員の意欲や貢献意欲がどう変化したかなど，その効果を"社会実験"し検証してみたらどうだろうか。

【小島　弘道】

注
（1）　中原美千恵（2010 年度）「若手教員育成のための校内研修開発に関する研究」京都教育大学大学院連合教職実践研究科修了論文。
（2）　山本有造（2009 年度）「中学校ミドルリーダーの研究」京都教育大学大学院連合教職実践研究科修了論文。
（3）　小島弘道他（2008）『教師の条件－授業と学校をつくる力』第 3 版，学文社，第 9 章。
（4）　小島弘道（2004）『教務主任の職務とリーダーシップ』第 5 章 4 節「学習コーディネーターと教務主任」東洋館出版社。
（5）　中学校を例にすれば，図 1.3 のようになる。図は東京都が示した主幹制度のイメージである。
　　　例えば主幹Ⅰは，①教務に関する事項，②総務に関する事項，③研究に関する事項，の三つの事項にわたる業務を担当する。①はこれまでの教務主任が行っている業務である。③の研究に関する事項も教務主任の業務の一つである。研究・研修主任を教務主任と別個に設置している場合でも研究に関する事項は教務主任にあってその一部ないしは全体を担っている。②の総務に関する事項は教務主任にはなかった業務である。これは校長や教頭の職務を補佐する業務を内容とする。②の業務こそ，主幹の業務を特徴づけるもので，管理的業務をなすゆえんである。この図は中学校の事例であるから，学年主任が

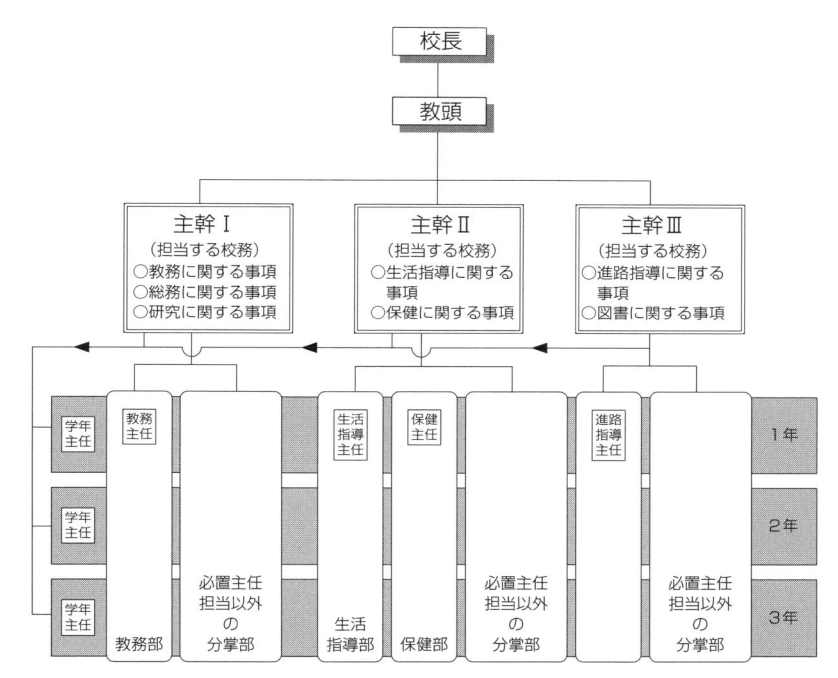

第1章　スクールミドルの状況と課題　43

図1.3　中学校の新しい学校運営組織

◎主幹Ⅰは，教務主任を兼務する。
◎主幹Ⅱは，生活指導主任を兼務する。
◎主幹Ⅲは，進路指導主任を兼務する。

出所：東京都教育委員会・主任制度に関する検討委員会（2000）「学校運営組織における新たな職『主幹』の設置に向けて－最終報告」

兼ねる主幹はない。高等学校では主幹Ⅳ，主幹Ⅴ，主幹Ⅵ，つまり1学年主任，2学年主任，3学年主任が兼ねる主幹が設置されることになる。

（6）　これについては，小島弘道（1981）「職員会議の性格と機能」日本教育法学会編『学校の自治』講座　教育法5，総合労働教育研究所，および小島弘道（2000）「教育自治の理論的課題－学校自治の理論的課題を中心に－」『日本教育法学会年報』第29号を参照。
（7）　小島弘道編著（2004）『校長の資格・養成と大学院の役割』東信堂。

第2章　スクールミドル論―スクールミドルはどう語られてきたか[1]

第1節　学校主任論からスクールミドル論へ

1　職制論からミドル論へ

　スクールミドルがどう論じられ，どう研究されてきたかについては，おおよそ次のような道筋やステージ，ないしはテーマや場面において展開してきたと考えられる。すなわち，①学校主任職と「スクールミドル」の研究，②スクールリーダー大学院教育の研究，③スクールミドルの職能成長・職能開発研究，④ミドルリーダーシップの研究である。筆者のスクールミドル研究は学校主任職の研究においてスタートしたものであるが，それは学校の自主性・自律性の確立，そして自律的学校と自律的学校経営の構築を視野に展開してきていることを確かめることができる[2]。

　スクールミドル論の多くは主任制の問題として主任職の歴史，政策，制度，役割，力量などとして論じられてきた。主任職が制度化された1975年以降，制度化をめぐる激しい議論の対立と教員団体の抵抗は主任制のあり方や議論を学校経営や学校組織のイデオロギーとして先鋭化させる方向と，専門職組織のあり方をめぐって主任の役割の現実論としての職務論に矮小化する議論にとどまり，いずれもスクールミドル論，そしてミドルリーダーシップ論として進化させ，展開することはなかった。要するにこの段階では職制論としてのミドル論が支配的であり，それを超えて経営と組織におけるミドル論として展開させた議論は少なかった。主任制は公教育経営における学校経営の制度と組織として設置され，運用されるから，どうしても法的，制度的な枠組みにおける理解，認識，理論にとどまってしまいがちであり，せいぜい，主任制の運用上の工夫

とか，事実上の機能やインフォーマルな場面での役割など，ミドル論の断片として語り，論ずることで終わってしまっていた。

そのなかにあって，学校が教育の専門的教育機関，つまり教育専門職組織であるとの視野から，主任の役割や機能を捉える，もしくは定義することがなされてきた。例えば，「学校経営における主任は，本質的に，教師集団の中にあって，教育実践を通して直接的に教師の専門的な職務上の行為や判断力の助長・促進を図り，学校教育の目標を実現していくための教育活動に直結した経営実践を行うところにその独自性が認められる」とする認識はその例である[3]。こうしたなかにあって天笠は，教職経験10年前後で30歳代前半から半ばぐらいの教員を"ヤングリーダー"としてその学校の意思形成機能に注目した興味ある議論を展開していた。かれらは教職活動全般について一応マスターし，教育や学校に対する観察眼にさらに広がりと深まりを増し，思考力や判断力も備わりつつある。組織にあって中核的位置を占め，責任ある仕事をし，体力・気力とも充実している時期である。チームワークの醸成者，「教育活動や組織運営の現状を問い，より良い状態を求めて改善を志向し働きかけるリーダー」としての学校改善者であるとした[4]。ここには，主任という職制論を超えた議論を「学校改善者」という視野から理論的に展開しようとしている萌芽が見られる興味深い認識があった。

筆者は，1996～2004年にかけて『学校主任職の専門性』(全6巻)[5]を著した。最初に刊行した『研究主任の職務とリーダーシップ』(1996年)の「まえがき」で「主任はミドルリーダーとしての役割を期待される。ミドルという意味は，校長と一般教職員の間をつなぐ存在としての校長のメッセージを関係部門を構成する人たちに伝えるとか，またその逆というような中継の役ばかりではない。それよりもっと大切なことは，部門活動にかかわる情報を集め，加工もしくは創造して問題や課題の解決に当たることである。これを一般に情報創造の機能といえば，当該部門に関わる情報創造こそ，主任の中心機能である。それは，地位や職制を超えたものであり，またそうであることで，主任の機能を果たすことができる。主任は，当該部門の運営に責任を負う経営者である」

と述べた。「ミドルリーダー」「ミドル」「情報創造」「地位や職制を超えたもの」「当該部門の運営に責任を負う経営者」という言葉に込められている問題意識は，主任制の研究ではあるが，主任の「地位や職制を超えたもの」として主任職を位置づける必要性を指摘したものであるし，その観点からの主任制の研究である。学校組織におけるミドルとかミドルリーダーという研究の芽生えと視野を示唆したものである。これについて本文では，「部門活動を方向づけることが主任の第一の役割だと言える。これに関連して，当該部門活動の課題を解決するために，関係する情報を集め，選択，加工して必要な情報を創造しなければならない。情報の創造機能は，専門的知識・判断を求められる部門活動をリードする主任には特に必要とされ，重要な機能だと言わねばならない。情報の創造は，部門活動の価値創造にかかわるリーダーシップである。創造した情報は，部門活動の戦略になり，またそれを発信することにより全体活動に影響を与え，組織の活性化と変革を促す力となる」というように展開している（23-24頁）。次巻からは，この部分を「ミドルへの注目」として新たに節を起こし職制を超えたミドル論を展開した。

　スクールミドル研究が主任制と離れて，ミドル論として語られるようになるのは自律的学校・自律的学校経営の構築におけるミドルの役割を自覚的に捉え返し，再定義することが重要ではないかとの認識からであった。ここにスクールミドル研究が主任職と離れて，もしくは職制論としてではなく，それと次元をたがえて展開する方向がつくられた。逆に主任制，主幹教諭，そして指導教諭はこうしたスクールミドル論の観点から，その役割や機能が論じられるようになる。こうした文脈を筆者は，第48回日本教育経営学会（2008年）で「スクールミドルの研究―学校づくりにおけるスクールミドルの役割―」と題し発表した。

　現代の学校経営改革のなかにあって，スクールミドルが学校経営政策においても，学校経営の実際の必要からも，そして学校経営学においてもそのあり方が戦略的意義や意味を有していると注目され，語られるようになる。ここ20年，企業経営や経営学でもミドルの役割と機能が注目され，関心を強めてきた。自

律的学校経営と参加型学校経営の構築を特徴とする現代の学校経営改革は，学校の経営業務の増加，経営業務の多様化・多層化，意思形成の効率化，さらには保護者等の学校当事者性の制度的認知を生んでいる。こうした学校経営の状況に対して，機動的・組織的な学校運営と校長のリーダーシップの発揮と権限の拡大・強化によって対処することが法制レベル，学校経営レベルで制度設計され，実施されてきていることは周知のとおりである。これを具体的に展開するために，校内責任体制の確立（職制を基盤とした責任体制），意思形成・決定における効率化（校長の権限拡大・強化，運営委員会の重視，職員会議の位置・役割の相対的低下など），主任層の経営スタッフ化（管理層・指導層の「新たな職」の設置）などが行われた。

　こうしたなかにあって，「ミドル」の位置づけや概念を「組織の問題解決」において戦略的役割を果たしうる世代—職層として受け止める必要があり，その機能や役割の解明がこれからの学校経営学研究にあって学術的，実践的意義を有し，それはまた，「スクールミドル」という用語と概念を学校経営学の固有な概念として認知することを求めるものであると指摘した。

　部門活動を充実し，活性化する役割を担う者として，そしてその立場から経営スタッフとして学校経営・学校運営に参画することは主任の本質的機能である。主任をトップ意思の伝達エイジェントではなく，部門活動の経営を担う者，部門情報の創造者，発信者として位置づけることが重要である。学校主任は，管理職の意思を中継，伝達するという機能が期待されることはある。また管理職の意思を成員が理解し，それに沿って実施するよう指導助言する機能が期待されはする。しかし学校組織にあっては，それ以上に部門活動の情報を創造，発信する機能をもつことにより，部門活動を充実，活性化させる役割が期待される。これはそれ自体，相対的に自律的な営みであり，専門的意思決定が要求されるプロセスである。それは主任を学校経営の戦略的な存在と位置づけることにつながる。言い換えれば，主任の伝統的機能を自律的学校経営の構築に向けて再解釈，再構築して再定位することである。

　部門活動は，学校の活動の一領域であり，それと関連して行われる。部門活

動を展開させるためには，情報を集め，加工し，必要な情報を創造，発信する必要がある。その情報は部門活動を推進するためだけではなく，学校活動の質的向上にも貢献する。ここには，学校の方針を部門という場で実施するにとどまらず，創造する場でもある。情報の収集，加工，創造という作用は，成員と組織を通して行う。またそれは当該組織以外の人と組織との関係を通して行う。主としてこの過程を担うのは部門の責任者たる主任である。ここでは，情報の収集・加工・創造の力量が決定的に重要な意味をもつ。情報の創造は，部門活動の価値創造に関わるリーダーシップである。創造した情報は部門活動の戦略となり，またそれを発信することにより全体活動に影響を与え，組織の活性化と変革を促す力となる。こういう角度から主任の立場を見ると，それはもはや学校経営を支えるとか，校長・教頭の職務を補佐するというような役割や，また意思の伝達・中継や連絡・調整の役割にとどまらず，より積極的に情報（意思）の創造と発信の機能として理解することが重要になろう。主任は，企画，連絡，調整，伝達，指導助言という機能を超えた，もっと戦略的な意味で意思（情報）創造と発信の機能をもつものとして理解する必要がある。

　ミドルリーダーとは，単に上と下をつなぐジョイントでもないし，上の情報を下に，また下の情報を上に伝える丸投げメッセンジャーでもない。また右から左へ，また左から右へ伝達するものではない。それは各部門活動の課題や問題を学校内外の環境や状況の変化を視野において，その解決や達成のシナリオを描き，実践に移すことにある。それは本質的にすぐれて創造的であり，未来志向的な行為である。自分発の情報を創造し，それを発信することがこれからのミドルリーダーの役割である。自分発の情報とは今ある情報に価値を付加し，実践と経営における戦略的判断など，問題や課題を創造的に処理・解決するための情報として翻訳，加工することである。

　学校主任職のリーダーシップも「情報の創造」，そして「中間概念の実現」というように再定義し再定位する必要が生まれた。それはもはや主任という文脈としてではなく，まさに組織におけるミドルという文脈で定位することでしかその説明はつかなくなったのである[6]。

2　企業経営と経営学におけるミドル論
(1)　ステージ1

　ミドルについてはここ20年，企業経営や経営学において注目され，関心を集めてきた。

　ミドルへの着目のステージ第1は，「失われた10年」といわれたバブル崩壊時に行われたリストラ，当初はとりわけミドル層にターゲットを絞ったリストラが断行された時期である。1990年代後半，企業で中間管理職の配置換えやリストラが行われている状況に対して雑誌や新聞などで「"丸投げ"するだけの管理職はいらない」「単なるメッセンジャーならいらない」が，本来のミドルはむしろ不足しているとし，そうした"中抜き"組織の欠陥を指摘し，長い目で見た場合，企業や組織の存続が危ぶまれると危機意識を募らせ警鐘を鳴らした。こうしたこれまでのミドルはいらないが，創造発信型・変革型ミドルの存否は企業の将来を占う上で戦略的意義をもっているとし，むしろそうしたミドルは不足している，もしくはそうしたミドルこそ求められているとの風潮，論調が生まれた。このようなミドルを擁していない企業は組織の存続を危うくするばかりか崩壊につながりかねないとする議論が新聞などを賑わした時期である。

　ミドルは上と下の中間にあって，それらの間をつなぐ役割が重視されてきた。そこではトップの意思を伝達するとか，その意思が具体的にどう実現されているかを見て，必要な調整をする役割が重要だと考えられてきた。しかし，そうした役割に対して，「トップマネジメントの指示に沿って，日常業務を円滑にこなす維持管理能力」とは違った役割が必要とされ，それへの期待は大きくなってきていると受け止められるようになった。その理由は，企業経営の場面では情報ネットワークの整備により，すべての者が情報へのアクセスが容易になり，情報を共有できるようになった。そのことでトップの経営情報を成員に伝え，成員の状況をトップに報告するというミドルの伝達機能の価値が後退した。また，成員の価値観分散に対し，調整型のミドルから戦略型のミドルというようにこれまでとは異なる新たなリーダーシップスタイルが求められるようにな

った。はたまた，情報ネットワークの充実は組織全体をフラットにする方向に作用し，情報仲介型のミドルの機能は後退して，情報システムを駆使して戦略的な行動を取ることがミドルの新たな役割だと考えられるようになった。その戦略ミドルの役割とは，①企業の戦略に沿って部門の目標を打ち出す，②率先してその目標達成の行動を起こす，③情報の流通を積極的にするという，「中継型」でなく「発信型」になることだとされる[7]。バブル崩壊で人員整理・リストラが行われるなかでミドル不要論もささやかれた。これに対して，それだからこそミドルが必要であるし，それに期待するものが大きいとする論調が見られた。例えば，「虚妄と化すミドル無用論―フラット組織で顕在化するリーダーシップの重要性」（『WEDGE』1997年4月号），松原隆一郎「『個の雇用』模倣進め陰にポスト工業化先進の幻想，企業の脱亜入米」（「朝日新聞」〈ウオッチ論調〉1997年4月28日付夕刊），特集「スピード経営時代の『最強のミドル―生き残る『経営者型』部課長，淘汰される『管理型』マネジャー』（『プレジデント』1997年10月号）などがあった。

　『WEDGE』は冒頭で「中間管理職無用論などまったくの虚妄。むしろミドルの仕事は質量とも増え，無用どころか，ますます重みが増している」と，シャープ人事部門幹部は昨今のミドル無用論を一蹴しているとする発言を取り上げ，電子メールの普及で情報のフラット化が進んでいることを理由に中間管理職をリストラしている風潮を批判している。シャープでは，部長には事業創出能力を，課長には目標管理能力とコミュニケーション能力を要求し，部課長の評価を経営センス，組み立て能力，計画性，説得力などの問題解決能力を重視する方針としていることに注目している。コミュニケーション能力は電子メール時代に入り，部下との直接的なコミュニケーションが不足しがちな点を補うためである。こうしたことから，上から下りてきた仕事を丸投げするだけの管理職はいらないが，上からの指示に自分発の付加価値を付け，下にわかりやすく噛み砕いて指示できる管理職はむしろ不足しているのが現状だと指摘している。また単なるメッセンジャーならいらないが，そこにミドルなりの解釈や実践的判断，指示が含むべきだし，下の意向もミドルが意訳して上に伝えるとい

うボトムアップ機能は必要だとしている。リーダーとは「自分の部署のどこに問題があるかを発見し，その解決方法を見つけ出し，部下や経営資源を駆使してそれを成し遂げる」ことであり，判断，育成，考課という管理職の基本的能力がそこで問われるとしている。キーを叩いていれば（電子メールで情報を送れば）ミドルの仕事はそれでいいというわけでなく，管理職の本務である判断業務，つまり意思決定というミドルの本分がおろそかになるおそれがある。また人材育成でも，「固定的な管理職が人材の潜在能力をじっくり評価したり，長い目で育成していくという見えざる機能を無視した組織運営は永続しない。」と結んでいる[8]。

〈ウオッチ論調〉のなかで松原は，「社長に電子メールを打ち，上司や部下と飲みニケーションなどせず，能力に応じて年俸をもらい，スペシャリストしての技術を生かして転職する。そんなアメリカナイズされた会社員像がいま，盛んに喧伝（けんでん）されている」のように冒頭で述べ，高給取りの中高年を退職させてコストを削減し中間管理職を減らして年功の別なく昇進を競わせることにより組織の活性化を図るべきだとするという意図があり，組織に頼らない「個」の時代がくるという考えを紹介している。定年前に解雇に近い処遇に応じなければ「いじめ」も行うなどの終身雇用の崩壊，年俸制や能力給制へ移行させ年功序列を終わらせるというような日本的経営が解体しつつある状況が生まれ，課長・係長の職制の廃止，中間管理職の再編が行われようとしているとみている。これに対して，いくつかのエレクトロニクスメーカーは中間管理職の撤廃には慎重だといい，上からの指示には解釈や実践的判断を加え，下の意向は意訳して伝えるという役割を十分にこなしているミドルは，むしろ不足気味だとする『ウエッジ』誌の論稿を紹介し，そうしたミドルを「組織に頼らない『個』」と対比させ「『組織人』としてのスペシャリスト」と呼び，「今後，『組織人』としてのスペシャリストは，消費主義社会の方向で日本をアメリカから差別化してゆくのではないだろうか」と結んでいる。

ミドルの情報の創造，発信という機能は「知識創造」の理論における組織認識でも指摘されていた。野中は組織におけるトップとミドルの役割の違いと関

係を明らかにしながら，ミドルの役割は「中間概念」の創造にあると次のように述べている。組織とは，個人の有する知識（主観的な経験や価値基準などのレベルでの知識にもとづいて個人が他者・環境との相互作用・交流によって形成，創造する知識）を基盤としてそれを共有しながら創造，拡大するためにつくられたものであるが，ここでの知識，つまり組織的知識は個人の知識を基盤として知識が特定の組織行動を決定する際に必要なビジョン・戦略・手法に関わる能力・力のことであり，組織は，この組織的知識を創造することで組織の目標を達成することになる。この「組織的知識創造の最も顕著な特徴は，トップとミドル，そしてロアーと広い範囲の協同作業によってなされる点である」とされる[9]。この場合トップは，「組織全体の知の創造に向かって成員に意味創造を触発・支援するカタリス（触媒）」であり，ロアーは，「その呼びかけに応えて意味の実現に向かって現実に直接対応するそれぞれの分野のエキスパート」である。このなかにあって，ミドルは「トップの壮大な概念を解釈し，エキスパートのもつ知を触発し顕在化させて中間概念を実現させるチーム・リーダー」として認識される[10]。

　以上の問題意識や観点とは別に，停滞したまま前進が見られない従来のリーダーシップ研究の盲点，行き詰まりを打開し，新たな展開の方向と新たなリーダーシップ論を構築する必要があるとし，それをミドルの役割の解明に求める研究が 90 年代初頭に出現した。金井はそれを『変革型ミドルの探求』（白桃書房，1991 年）で公にしている。

　金井は，現実の管理者行動の多様性に即応した尺度を開発し，新たな視点から，体系的な仮説検証を行う必要があるとし，「決められたことを決められたとおりに部下にやってもらうことは，経営管理の基本である。でもこの基本動作の繰り返しばかりでは，人々は，疲れてしまう。人々は変化を求める。本書では，このような基本動作をふまえながら決められていない未知のことに部下といっしょになんとか取り組んでいる，戦略・革新指向の変革型ミドルの行動に着目する。これは，リーダーシップ論や管理者行動論の新たな研究トピックである」。ミドルリーダーの管理者行動やリーダーシップの研究は，一部の例

外的研究を除いて空白状態だった。ミドルリーダーは経営戦略の単なる実施者であるばかりでなく，戦略のクリエイティブな翻訳者ないし場合によっては戦略の創出者である。それは『社内企業者』」であると指摘した。

金井がリーダーシップ研究に停滞や行き詰まり，盲点を感じたのは，現場や部下と一緒に取り組み，そこから何か新たな，もしくは戦略性の高いアイデアなどを創造する役割を果たすべきミドルが全体戦略システムのなかに埋没してしまっていたからである。ミドルをこうした状況から引っ張り出し，その役割を果たしうる環境をつくることで，そこから新たなリーダーシップ論を構築しようとした。ミドルは戦略のクリエイティブな翻訳者,「社内企業者」であると述べたのはこのためである。また，戦略策定と戦略実施の接点としてのミドル・マネジャーの役割や行動に着目した。さらに「システムと組織構造や公式の計画でカバーできないところに，ミドルの裁量的飛躍の余地ある」とも述べている（「序文」）。

(2) **ステージ2**

第2のステージは，2000年代から今日までの時期である。年功序列，終身雇用など日本的経営といわれた人事システムが崩壊し，能力主義，成果主義などが導入され，日本の経営文化は消滅されたかに思われた。しかしながら，規制緩和による派遣労働，短期契約雇用などにより非正規社員が増加し，またこれらが雇用・労働環境として常態化した。同一労働同一賃金という理念は追いやられてしまった。非正規社員と正規社員の労働条件の格差ばかりでなく，正規社員の間でも格差が拡大した。フリーター，ニート，ワーキングプア，格差が今日の社会の姿とかたちを象徴し，映し出す用語にもなっている。これらが少子高齢化社会などと重なり合って現在の生活の不安と将来の生活に展望をもてない社会がつくられてしまった。こうしたなかでミドルをどう組織活性化に生かすかをめぐって，ミドルの"出番"をどうつくるか，またミドルの役割を再吟味，再定義する試みが広く展開されるようになった。また企業活動をどう維持・存続させ，さらには発展させるかについて経営戦略とともに，組織活性化による組織の問題，とりわけ人の問題や組織を立て直し，発展させ，健全化

を進める上で今までリストラの対象とされてきたミドルの実態を明らかにしながら，その価値や意義を再認識するとともに，新たに再定義して企業や組織における位置を吟味し，本来のミドルを育て組織の活性化や組織の存続と発展に生かそうとする問題意識が生まれた。ミドルの役割，ミドルへの期待，そしてミドルの再認識・再定義に光が当てられた時期である。

　こうしたなかで，次のような言説が現れるようになる。リストラと新採用大幅減（就職氷河期）というバブル崩壊後の「失われた10年」は，補充もなく第一線で現場の業務を引き続いて行うスペシャリストになることが求められ，一つの部署に固定され，専門家になることが望まれた。この「スペシャリスト化」の問題は人を育てる，創造的仕事など本来のミドル業務の経験がとぼしいため，リーダーシップの発揮経験がないことであった。これからは自立するミドル，創造するミドル，変革の担い手となるミドルリーダーシップが求められるとする論調が生まれた[11]。経営学でも中間管理職の重要性に注目している研究者は非常に少ない。むしろ中間管理職は組織のフラット化とともに「消え去るべきもの」として攻撃の対象とすらなっている。中間管理職は念頭にない欧米のマネジメント理論のなかにあって，野中郁次郎を引き合いに出しながら日本でいち早く注目したミドル・アップダウンを世界に誇るべき日本型のマネジメントだとして，その言説の応時代性と将来可能性を述べ，ミドルを知識創造のプロセスにあって最も重要な役割を果たす人たちであるとし，現場から重要な情報を引き上げ，それを経営者が描いた壮大なビジョンにつなぐために知恵を絞るミドル・アップダウンとして機能させることだとする[12]。また自社のビジョンや戦略が明確でも，それが社員の心に届いていない，響いていない，分断された経営と現場との間をしっかりとした環でつないでいくのが新たなミドルの役割だとする主張があった[13]。さらに大手企業人事担当課長らによる「提言　ミドル・ルネッサンスを目指して―今こそ成果主義・フラット化の抜本的な見直しを―」（ミドルマネジャー教育センター編，2008年）があった。そこでは経営者には「経営者は感動できる夢やビジョンを語る人になれ」などを求め，ミドル層へは「リーダーとして組織を経営する気概を持とう」「若い世代とも

っと熱いコミュニケーションを」「企業の精神文化を次世代に伝えよう」「社外に出て視野を広く」などを訴えている。2000年代の企業経営の危機を前にしてそれを乗り越える経営理念，経営秩序，経営行動をミドルの復権という角度からの興味ある提言である。

　2009～2010年にかけて「学校経営とスクールミドル」を教育誌に連載し，企業，学校，研究を担う人たちがそれぞれの立場からミドルについて考えを語ってもらった[14]。ミドルに求められるものは，企業経営の立場（吉田寿，三菱UFJリサーチ＆コンサルティングプリンシパル）からは，①それぞれの人間の違いを前提に，それぞれの人の立場を尊重し敬意を払うことで共感と信頼を認め合うという多様性（ダイバーシティ）の尊重，②担当部門の戦略を策定し，組織を統制して，部下を育成し，職場環境や組織風土を醸成して日常業務を監督するというような真のマネジメントの実践，③やる気を与える「褒める文化」の醸成とワーク・モティベーションの重視，④組織をあるべき方向にリードし，変革を実現するリーダーシップを持った変革型リーダーに自己変革することだとされた[15]。また学校関係者からは，若手の育成・支援，協働関係や人間関係が息づく職場づくり・雰囲気づくり，人づくり・組織づくり・学校づくりなどにおいて積極的な関わり，役割を果たすことが求められるとしている。そうしたことを可能にするミドル自身の自己形成と自己変革が期待された。さらに校長の立場から学校の短中期の目標や課題を実現するにあたっては，管理職と教職員，また教職員間でそれらを共有するために，そしてそれらを実現するプログラムをつくり実施運営するために，多元的なコミュニケーションを築いて学校改善を推進する役割，そういうことがこれからのミドルには求められると指摘した[16]。企業関係者からはミドル問題への危機感が伝わってきた。それに対して教育関係者からは組織の活性化や学校改善のファシリテータどまりの期待などの議論にとどまっていた。こうした傾向は，企業が自己完結的な組織体であるのに対して，学校ははじめから法的，制度的，行政的規制を受けた公教育事業を分担していることから生まれる。

第2節　スクールリーダー教育とスクールミドル

　学校主任制の研究からスクールミドルの研究へと研究の軸を変化させるなかで，今いるスクールミドルの力量形成と次世代スクールミドルの育成をどうするかがスクールリーダー教育の文脈のなかで注目されてきた。校長などスクールリーダーをいかに養成するかが教職大学院の創設により，とりわけ大学院におけるスクールリーダー教育でクローズアップされてきたが，そこには入学する現職教員（ミドル層）の再教育という現実的な課題がある。もちろん，スクールリーダー養成に特化した大学院プログラムによって教育を展開しているところもあろうが，多くはその機能を残しながら，もしくは並行させながらスクールミドル教育を展開している。校長など「スクールリーダー育成は大学院で」ということを主張してきた者の一人として，スクールリーダー育成のほかに，もしくはそれと並んで入学してくる現職教員の教職キャリアを考えれば，スクールリーダー教育に特化することだけでは対応することができないことがわかってきた。入学してくるミドル層の育成を視野においたスクールリーダー教育を展開する必要がある。つまり学校づくりにミドル層をどう生かしうるか，そして学校づくりにどう貢献しうるかとする観点からスクールリーダー教育を捉えることが大切であるし，現実的だと考える。実際，現職院生はスクールミドル，スクールリーダー，ミドルリーダーシップということに強い関心を示し，修了論文のテーマにこれらを選択する者は少なくない。現職院生は修了後のわが身をミドルとしてしっかりその役割を果たしていくことと，その経験や実践を通してスクールリーダーとしての自覚や力量を形成し，そのキャリア選択を志向した将来像を描いているといってよいかもしれない。免許更新講習で気づいたことがある。かなりのミドル層が受講しているので，あえてスクールミドルの職能成長課題を導入部分におきながらスクールミドルの役割，力量，リーダーシップなどを現代の学校教育の課題との関わりで話を展開してきた。学校ミドル，スクールミドル，ミドルリーダーシップというものを新鮮な気持ちで

受け取り，これからの教職活動と教職キャリアを新たな感覚でやっていくことを自覚したという感想を述べている。大学院教育でスクールリーダーは特定の職を示すものではないとの文部科学省の見解もスクールミドル層（ミドルとミドルリーダー）を組み入れたものとしてスクールリーダーを理解している。文部科学省は教職大学院設置にあたり，そこで育成する教員群の一つとして「スクールリーダー」を挙げ，それを「例えば校長・教頭等の管理職など特定の職位を指すものではなく，上記のような社会的環境の中で，将来管理職となる者も含め，学校単位や地域単位の教員組織・集団の中で，中核的・指導的な役割を果たすことが期待される教員」としている（中教審答申「今後の教員養成・免許制度の在り方について」2006年7月11日）ようにスクールリーダーを「中核的中堅教員」と定義している。ミドル層（30～40歳台前半）が，大学院で学習を積み，将来，校長・教頭や指導主事・指導的教員となっていくリーダー像としてイメージしている。マネジメント型のリーダーだけでなく，教科・領域さらには指導行政などにおける指導的教員など，マネジメント型のリーダーと専門職型のリーダーを含んで使用され，語られるようになってきている。

　大学院でのスクールリーダー教育にあって，そこでいかなる知，つまり「大学院知」を設定し，教育に臨むかは戦略的な意義を有する。筆者はこの「大学院知」の解明と実践化（実質化）を進め，スクールリーダー，そしてスクールミドルの教育の構築をめざしてきた。「大学院知」についてはこれまでの研究をふまえ，次のように定義した。つまり「『大学院知』とは，教職活動を省察し，実践の成り立ちや構造のかたちを解明し，そこでの問題や課題のありかを明確にして，それを処理・解決，ないしは改善する活動を組み立て，実践しうることにかかわる知であり，こうした作業を通してその知を"新たな"知として編集ないしは創造しうる力量に発展しうることにかかわる知である。また以上のような知を支え，裏づけ，根拠づける思想や理論にかかわる知であると定義しておこう。前者は実践知・方法知，後者は理論知というイメージとして区別されてきたが，『大学院知』は，両者が一体的，融合的に織りなしてつながり，存在している姿，かたちである。『大学院知』はそうした視野において専門性

を『高める』知でなければならない。高度専門職業人，高度の専門性などの『高度』とは，そうした『大学院知』によって担保されるものだと言える。『高度』であるとは，学部と比較した大学院で獲得する知のレベルを言うだけでなく，専門性をある方向に促したり，編集したり，また組み替え，さらにその力を学校づくりなどに生かしうることにかかわる知，そうした『大学院知』である」。またスクールリーダー教育における「大学院知」は，「学校づくりのビジョンと戦略の視野のもと，教育と学校が抱える問題や課題を解明，処理・解決しうる力量を育成することに特化した知の内容とかたちである」のように定義することができる[17]。その内容のアウトラインは次のように描いた。

①教育的識見の視野を広げ，深める―学校づくりに関する哲学的・思想的・戦略的思考や視野，またこれらにかかわる知，現代の社会と学校，現代の教育課題，現代の教育思想，世界の教育改革，民族と教育，人間と戦争などにかかわる知

②教職経験を通じて獲得した学校経営に関する知や技の深化，展開，検証―学校経営の実態の分析，問題・課題の解明と処理・解決にかかわる知と学校経営力

③教職経験や研修等では獲得が困難な知―学校経営に関する知の本質，構造の解明，新たな知の創造にかかわる知の獲得

④学校経営にかかわる知とその実践活用にかかわる知―学校経営計画，カリキュラムマネジメント，スタッフマネジメント，意思形成・決定，リーダーシップ，スクールミドル，学校評価，教員評価，親等の学校参加，外部関係づくり，学校経営改善プラン策定などにかかわる知，学校経営の歴史，思想，哲学，理論，実践

⑤学校づくりのビジョンや戦略にかかわる知―自律的学校経営の構築にかかわる知，学校の総合力としての学校力の構築にかかわる知，学校経営実践課題の解明・解決を事例にした戦略的，構造的，総合的思考にかかわる知

これらはスクールリーダー育成のために必要な知である。スクールミドル育成の知ではない。しかし現実にはミドル層が学んでいるから，スクールリーダ

ーシップの育成とそれを視野においたミドルリーダーシップの育成のための教育プログラムとして機能させることが現実的であると考える。京都教育大学連合教職大学院（京都教育大学を基幹大学として京都産業大学・京都女子大学・同志社大学・同志社女子大学・佛教大学・立命館大学・龍谷大学が参加する連合大学院）はそれを「スクールリーダー専門職基準」としてカリキュラム，授業科目などに反映させスクールリーダー教育を行っている。

第3節　スクールミドルの職能成長・開発論

　成人学習，職能成長・開発などの視野からスクールミドル育成が展開されるようになってきたことはここ数年の特徴である。
　1980年代後半から動きを起こし，90年代に進展・加速した日本の学校経営改革は，校長などのスクールリーダーにこれまでにない資質能力と，その育成の方法に新たなコンセプトを求めるとともに，育成のための制度をハードとソフトの両面から構築することを期待している。われわれはスクールリーダーの育成には大学院レベルの教育が不可欠であるとし，スクールリーダー教育に必要な「大学院知」とその知の育成の方法がこれからのスクールリーダー大学院教育において戦略的意義を有するものであると考えるとの観点から，「スクールリーダー大学院における教育方法に関する開発的研究」を「実験講座」として行い，カリキュラムマネジメント力の育成，分析力の育成，ファシリテーション力の育成などを「大学院知」を視野に戦略的教育方法のあり方とその開発に関わる視点として提言した。ここでの教育方法とは，ケーススタディ，ワークショップ，グループワーク，修士論文の替わりに課す「課題研究」の内容や進め方，コーホートによる共同的リフレクションのもち方，授業評価，大学院教育を担う教員の能力形成（FD = Faculty Development），大学院評価などを含む包括的な視野のもと，しかも教育方法の開発は，「方法主義」に陥ることなく，授業の目標，つまりスクールリーダー像とそこに求められる資質・能力（力量）との関連で意味づけられ，再定義，吟味されるべきであるとの認識から研究を

進めた[18]。

　成人学習，職能成長・開発では，岡山大学グループの取り組みが注目される。大学院でのスクールリーダー教育を「校長，副校長，教頭，主幹，教務主任，研究主任，学年主任等」としてのスクールリーダーの高度なマネジメント能力と専門的力量の育成を視野に行う教育プログラムであるとした。ここで注目したいのは熊谷の「成人学習論とスクールリーダーの職能発達」にかかわる指摘である。中年期（主任職を経験する時期）を「成熟と危機のアンビバレントな時期」と捉え，そこでの学習の特徴は自己を批判的に振り返ろうとする「意識変容の学習」であると論じている。長い間に培ってきた経験と実績，そして力量は意識の奥深い底に染み込んでいるため，自分からその存在に気づくことは難しいがゆえに，「意識変容の学習」は教職大学院のような学校や日常生活以外での「他者とのかかわりを通して」行う学習機会が大きな意味をもつというように，「個としての発達」と「かかわりの中での発達」の統合した学習スタイルの大切さを指摘している[19]。こうした所説について熊谷は本書第Ⅱ部で展開している。

　成人学習論や職能開発論という視野からのスクールミドルの育成に関わる研究の多くは今後に待たれるところが多いものの，熊谷とともに，佐野は「学習者としての成人をどのように理解し，成人教育をどのように実践すべきかを問う研究分野」である成人学習論について校内研修を視野に，その原理と理論を論じている。成人学習論は生涯学習や社会教育の分野においても近年，急速に発展してきたものである。これらの所論は示唆に富む，もしくは今後の研究の方向性を占う観点，理論，実践を提供してくれている。スクールミドルの育成にはこうした研究の蓄積が不可欠であり，こうした営みを通してスクールミドル育成が理論的に支えられ，実践の方向性がつくられていくものと考えられる[20]。

第4節　ミドルリーダーシップ論への展開

　自律的な学校経営を構築するためにはミドルの本質的機能に関わる力量としてのリーダーシップ、つまりミドルリーダーシップに期待するところが大きい。そのためミドルリーダーシップをどう捉えるかが重要になる。リーダーシップとは、組織の進むべき方向を定め、教職員にその方向の意義を説き、共通理解をつくり、協働意欲と協働関係を構築して、目標を達成するように仕向ける行動であり、そのことにより個人と組織のなかに一定の変化をつくる力である。こうしたリーダーシップ認識から描かれるミドルのリーダーシップ、つまりミドルリーダーシップはいかなるものであるかについて、これまで述べてきた筆者のミドルリーダーシップ論への着目の動機や問題意識[21]をふまえながら論じていきたい。

　伝統的なリーダーシップ論では、リーダー・フォロアーモデルを固定的に見がちであった。それが上下関係だけでなく、水平的な関係においてでもある。学校という専門的組織にあってはとりわけ、学校のビジョンは「教職員との"共同作品"」であるというように認識することが重要だと考える[22]。これを可能にするためには教職員の意欲と力量、ミドルのリーダーシップが不可欠だ。スクールリーダーは自らの意思形成・決定において運営委員会、職員会議、校務分掌組織などの「経営空間」を活用している[23]。「経営空間」とは学校の意思形成過程で知恵や知見が交換され、問題や課題を解決する時間・空間を意味する。自らの意思決定過程のなかに問題や課題を処理・解決するプロセスとして「経営空間」があり、それを重視するという姿勢とリーダーシップが重要である。例えばミドルに限らず、アイデアなどをもちかけ、話しをすることで、そのアイデアがビジョンや戦略の形成、または問題解決につながる。そうしたことが組織における意思形成や決定のプロセスに多様に、かつ多元的に存在する組織こそ、ダイナミズムのある、いい組織だといえるし、そうした組織を導き、問題解決のための組織知を創造することはトップリーダーの仕事である。

したがってリーダーシップ・プロセスには，多様で複数のリーダーないしはリーダーシップが関係し，もしくは作用している。学校組織にかかわらず，組織にあってはそういう現実がある。またそうした組織が望ましい。権力を自らの行為のなかに集権化したリーダーシップやトップダウン型のリーダーシップがいとわれるのは，こうした可能性を時に閉じてしまうからである。分散型リーダーシップ，サーバントリーダーシップ，ウエッブ型リーダーシップなど，伝統的なリーダーシップモデルとは異なるリーダーシップモデルが語られるようになったのはそれなりの事情があったのである。

分散し，ウエッブ化したリーダーシップは誰かがそれを担う必要があるが，その担い手こそ，ミドルが中心となるべきである。さまざまな集団のモラール，活力，行動力を高めつつ，集団の問題解決のための方向性や道筋を明確にして部門組織の意思決定をリードし，またそれを通して学校の問題解決ないしは学校改善につなげていく力量，そうしたリーダーシップこそミドルリーダーシップである。

分散型リーダーシップについては，これまで多くの論者によって語られてきた[24]。例えば篠原に見るように，分散型リーダーシップは教員の専門性と自律的活動を実現する組織とリーダーシップのあり方を視野に論じられることが多い[25]。また露口は，組織においてリーダーシップはトップだけでなく多くのメンバーが日常的に行使しているから，「ある1人のリーダーに焦点化した集中型モデルに替わって，組織の多様な状況において多様なリーダーがリーダーシップを行使する分散型リーダーシップ（distributed leadership）」という新たな観点が求められるとし，分散型リーダーシップにはチームリーダーシップ（team leadership）の思考が「非常に親和的である」と述べている[26]。

渕上は，集団をまとめる際のミドルリーダーの役割はミドル自らのエンパワーと集団そのもののエンパワーを基盤として，①集団内における各成員の役割を自らが認識するだけでなく，全構成員が共有できるようにすること，②その一方で集団は相互依存関係が強いので役割を越えてお互いに助け合うような協働的な関係性を構築すること，③構成員全員が合意することや多数を獲得する

ことよりも，正しい解決策を見つけることに注意を向けさせることであると指摘した(27)。こうした適切で力強いミドルリーダーシップがともなうことによってトップリーダーシップが機能するだけでなく，集団そのものも活性化し，成長するという認識である。こうしたリーダーシップは，トップダウンのリーダーシップとは異なる。ミドル・アップダウン・マネジメントを提唱した野中はミドル・アップダウンマネジメントについて「トップだけでもボトムだけでもなく，すべての成員が上下左右に働きかけて，組織全体で情報・知識を創り，それを組織全体で実現していくというのがミドル・アップダウン・マネジメントである」と説明していた(28)。

　大脇は，「ミドル・アップダウン型リーダーシップ」こそ，ミドルリーダーシップであると次のように述べている。わが国では「校長主導型」の学校経営は一般的ではなく，一般的に学校経営の中核を担っているキーパーソンである中堅リーダー層を校長が支持し，支援する「ミドル中軸型」の学校経営が主流であり，そのよさを大切にした組織開発が求められる。そのためには，①学校の課題や特色化に対応できる柔構造で機動的な組織づくり，②学校の経営管理機能を合理的に担える組織の標準化と一定の階層化，③学校の組織文化を変革する経営戦略に関わる長期的な組織づくりが不可欠であり，これが自律的学校経営にふさわしい学校組織であるとする。ミドル・アップダウン型とは，ミドルを中軸にトップの校長・教頭と一般教員を接合しながらマネジメントを展開することである。大脇は，さらに「ミドル中軸型」の学校組織とは，「経営管理機能を合理的に分担できるように職務の専門化・階層化をある程度行うこととするが，その際，主任職を校長・教頭と一般教員をつなぐ中間リーダーとして積極的に位置づけようとする構想である。ミドル中軸型組織である」と述べている(29)。

　浜田は，学校組織を「なべぶた」ではなく，「ウエッブ（クモの巣）」として理解したほうがわかりやすいし，意義があると述べている。それは「上から下へや下から上へ」とは別のコミュニケーション回路が重要だからだと指摘する。この観点からトップリーダーシップのビジョンやその実現に向けたリーダーシ

ップはビジョンの共有化を担保するものではなく，それはビジョン共有のプロセスとそれをつくるための多方面で多様なコミュニケーションチャンネルだとする。これを担い，創造することがミドルリーダーへの期待であり，ミドルリーダーシップだということなのだろう[30]。佐古は，"学校"の組織開発について「協働性を構築することによって教員の自律性と学校の組織化を促進しかつ教育活動の具体的改善に資する方途を見出そうとするもの」のように概念化した。学校は「教員の裁量性に依拠した組織」とする観点から，学校において専門性と協働を実現するコミュニケーション（組織過程の変革）とこれを可能にする場や体制（組織構造／体制）を変革することによって自律性と協働性を構築（組織の文化の形成）する試みであると考えた。ここでのミドルリーダーシップは，協働プロセスの支援機能としてのファシリテート機能とされる[31]。

　以上のように，スクールミドルのリーダーシップ，つまりミドルリーダーシップの言説や研究は多様な語られ方をしてきた。そこで語られていることはそれぞれ妥当性もあり，われわれの理解に耐えるものであると思う。しかしミドルリーダーシップの本質をどう捉えているかという観点からは，学校経営学研究や教育学研究においてその解明はなされているとはいえず，その多くは今後に残されているというのが率直な感想である。筆者は主任職の研究を通してスクールミドルのリーダーシップ，つまりミドルリーダーシップとは何かについて論じ，それを「中間知の創造」あるいは「中間概念の創造」であるとした。第3章では，このことについて展開する。　　　　　　　　　【小島　弘道】

注
（1）　本章は，2008年6月8日に名城大学で開催された第48回日本教育経営学会の自由研究発表「スクールミドルの研究―学校づくりにおけるスクールミドルの役割―」をベースに展開している。
（2）　それは次のように整理することができる。①学校主任職研究からスクールミドル研究へ―小島弘道・北神正行・水本徳明・神山知子「現代教育改革における学校の自己革新と校長のリーダーシップに関する基礎的研究（その4）―校長職のキャリア・プロセスとキャリア形成」『筑波大学教育学系論集』第16巻第2号，1992年。『学校主任職の専門性』全6巻，東洋館出版社，1996-2003。②スクールリーダーの研究（スクールリーダ

第2章　スクールミドル論－スクールミドルはどう語られてきたか　　65

－教育・スクールミドル育成・職能成長・職能開発）－』『校長の資格・養成と大学院の役割』(2004) 東信堂。「スクールリーダー大学院における教育方法に関する開発的研究」日本学術振興会平成18～20年度科学研究費研究成果報告書（基盤研究・B）2009年3月。「教師教育学研究における『大学院知』の視野」『日本教師教育学会年報』第20号，2011年9月。③ミドルリーダーシップの研究（ミドルの役割・機能，ミドルリーダーシップ）－『21世紀の学校経営をデザインする　上下』(2002) 教育開発研究所。「学校の裁量権拡大と校長の意思決定構造に関する調査研究」平成15～17年度　科学研究費補助金基盤研究（C）研究成果報告書, 2006年3月。「スクールミドルの研究－学校づくりにおけるスクールミドルの役割－」(2008) 第48回日本教育経営学会の自由研究発表。小島弘道・渕上克義・露口健司 (2010)『スクールリーダーシップ』学文社。上記にまたがるものとして，以下がある。「学校づくりと『新たな職』の検討」『季刊　教育法』2008年6月。連載「新しいスクールリーダー像－30・40代教師への提言」『学校マネジメント』2005年4月～2006年3月。連載「学校経営とスクールミドル」『月刊高校教育』2009年4月～2010年3月。「学校改善のための『副校長』『主幹教諭』『指導教諭』の役割」岡山県教育委員会『教育時報』2010年2月。
(3) 高木良伸「主任の連絡調整と指導助言の機能」永岡順・金子照基・久高喜行編著 (1988)『学校経営』第一法規, 90-91頁。
(4) 天笠茂 (1998)『スクールリーダーとしての主任』東洋館出版社, 198-210頁。
(5) 『研究主任の職務とリーダーシップ』(1996),『学年主任の職務とリーダーシップ』(1996),『事務主任・事務長の職務とリーダーシップ』(1997),『進路指導主任の職務とリーダーシップ』(1997),『生徒指導主任の職務とリーダーシップ』(1997),『教務主任の職とリーダーシップ』(2003)。
(6) 小島弘道 (2004)『教務主任の役割とリーダーシップ』東洋館出版社の第1章1－(4) を参照されたい。
(7) 日本経済新聞社編 (1990)『ベーシック　経営入門』日本経済新聞社, 112頁。
(8) 「虚妄と化すミドル無用論－フラット組織で顕在化するリーダーシップの重要性」『WEDGE』1997年4月号, 28-29頁。
(9) 野中郁次郎 (1996)『知識創造の経営－日本企業のエピステモロジー』日本経済新聞社, 125頁。
(10) 同上, 141頁。
(11) 野田稔・ミドルマネジメント研究会 (2008)『中堅崩壊－ミドルマネジメント再生への提言』ダイヤモンド社, 8-15頁。このほか, 吉村典久 (2008)『部長の経営学』筑摩書房。
(12) 酒井穣 (2008)『はじめての課長の教科書』ディスカヴァー・トゥエンティワン, 60頁。
(13) 吉田寿 (2008)『ミドルを覚醒させる人材マネジメント－成果主義の機能不全はここから直す！』日本経済新聞社, 4-5頁。
(14) これは，小島弘道企画・執筆「連載・学校経営とスクールミドル」『月刊高校教育』

(2009年4月～2010年3月)で連載したものである。
(15) 同上，吉田寿「企業経営とミドル①②」2009年8月号，9月号。
(16) 同上，吉澤勝治「学校改善の推進とスクールリーダーの育成」2010年1月号。
(17) 小島弘道「教師教育学研究における『大学院知』の視野」『日本教師教育学会年報』第20号，2011年9月，21-24頁。その具体的内容は京都連合教職大学院「教職専門職基準試案」(2011年2月作成)で示している。
(18) 『スクールリーダー大学院における教育方法に関する開発的研究』平成18～20年度日本学術振興会科学研究費補助金(基盤研究・B)研究成果報告書，2009年3月。ここでの「大学院知」はとりあえず次のように設定した。①教育的識見の視野を広げ，深める：学校づくりに関する哲学的・思想的・戦略的思考や視野，②実務経験を通じて獲得した学校経営に関する知や技の深化，展開，検証：学校経営の問題や課題の解明と処理・解決に関わる高度な学校経営力の育成，③実務経験や研修等では獲得が困難な高度な学校経営力の育成：学校経営に関する新たな知や技の開発，創造，検証を通した学校経営力の高度化，④学校づくりのビジョンと戦略を視野に，学校経営計画，実施運営，検証，改善計画の力量形成：学校経営改善プランの策定力の育成)。
(19) 渕上克義・佐藤博志・北神正行・熊谷愼之輔(2009)『スクールリーダーの原点―学校組織を活かす教師の力』金子書房，熊谷・執筆。
(20) 佐野享子(2010)第5章「校内研修の設計に生かす成人学習の原理」北神正行・木原俊行・佐野享子『学校改善と校内研修の設計』学文社を参照。成人学習論の動向についてはこのほか三輪建二(2006)「成人学習論の動向」『現代のエスプリー生涯学習社会の諸相：その理論・制度・実践』No466，至文堂などが参考になる。
(21) これについては，本書のほかに小島弘道・淵上克義・露口健司(2010)『スクールリーダーシップ』学文社，153-156頁で展開している。
(22) 連載第1回「校長のリーダーシップ研究」『学校経営』1994年8月～1996年3月。
(23) 平成15～17年度科学研究費補助金基盤研究(C)研究成果報告書，代表・小島弘道，宇井美也子・末松裕基・横山剛士・照屋翔大・姜亨俊・川口有美子・稲垣篤一・市川泰弘・安井智恵(2006)『学校の裁量権拡大と校長の意思決定構造の変容に関する調査研究』。
(24) 分散型リーダーシップについては次の論考がある。篠原岳司「教師の相補的『実践』に着目した学校改善理論に関する一考察：J・スピラーンの「分散型リーダーシップ(distributed leadership)」理論の検討」『日本教育経営学会紀要』49号，2007年。同前「米国大都市学区教育改革における教師の位置：分散型リーダーシップと相補的アカウンタビリティのフレームより」『北海道大学大学院教育学研究院紀要』102, 2007年。同前「現代シカゴ学区における学力向上政策と学校改善計画―分散型リーダーシップの理論と『実践』(新学力テスト体制と教育政策)」『日本教育政策学会年報』15号，2008年。片岡徹「分散型リーダーシップ(distributed leadership)に関する一考察―学校経営研究における『理論と実践』の相互作用性の議論に着目して」『東京大学大学院教育学研究科教育行

第2章　スクールミドル論－スクールミドルはどう語られてきたか　　67

政学論叢（26）』2007年。Ancona Deborah, Malone Thomas W., Orlikowski Wanda J. 他「分散型リーダーシップ」のすすめ 完全なるリーダーはいらない（Feature Articles「脱」管理主義のリーダーシップ）」（Diamondハーバード・ビジネス・レビュー 32（9），（228）48～61，2007年9月。ロバート・K・グリーンリーフ，金井壽宏監訳・金井真弓訳（2008）『サーバントリーダーシップ』英治出版。

(25)　篠原，注（24）前掲論文。
(26)　露口健司（2010）「スクールリーダーのリーダーシップ・アプローチ」小島弘道・渕上克義・露口健司『スクールリーダーシップ』学文社，153-156頁。
(27)　渕上克義・佐藤博志・北神正行・熊谷愼之輔（2009）『スクールリーダーの原理』金子書房，54頁。
(28)　野中郁次郎（1996）『知識創造の経営－日本企業のエピステモロジー』日本経済新聞社，125頁。ミドル・アップダウン・マネジメントについて，野中は次のように述べている。「トップの役割は，トップダウンではカリスマ，ボトムアップではスポンサーであるとすれば，ミドル・アップダウンではカタリスト（触媒）のそれである。カタリストとしてのトップ・マネジメントは，情報や知識創造の大きな方向性を示し，その創造の場を整え，場に登場するメンバーの顔ぶれを決定し，必要なときに本質的な議論を仕掛け，デッド・ラインを示すなど組織的な知識創造を加速する役割を果たす。組織的知識創造のもっとも顕著な特徴は，トップとミドル，そしてロアーと広い範囲の協同作業によってなされる点である。つまり，特定の個人ではなく，組織的に情報・知識創造が行われるということである。トップは夢を語り，ロアーが現実を冷静に見据える。そしてミドルは現実と検証不能な夢との間にたって検証可能な概念を創造し，上下左右を巻き込んで，それを実現していくのである」（125頁）。これより前に野中は「情報の組織的創造の方法論－ミドル・アップダウン・マネジメントの提言－」（清水博（1988）『解釈の冒険』NTT出版）を著し，「ミドル・アップダウン」を提唱していた。織田泰幸は，「学校経営におけるミドル・アップダウン・マネジメントに関する一考察」（中国四国教育学会『教育学研究紀要 教育学研究紀要』49（1），2003年）で，野口のミドル・アップダウンに注目したD. H. Hargreavesの所論に沿ってイギリスのスクールミドル研究の言説と理論を整理しながら「ミドル・アップダウン・マネジメント」を論じている。興味ある論文である。
(29)　大脇康弘「ミドルアップダウン型の組織開発」『月刊高校教育』2003年6月号。
(30)　浜田博文「学校組織観の転換と校長のリーダーシップ再考」小島弘道編（2007）『時代の転換と学校経営改革』学文社，239-241頁。
(31)　佐古秀一（2011）第8章「学校の組織特性を踏まえた学校組織変革の基本モデル」佐古秀一・曽余田浩史・武井敦史『学校づくりの組織論』学文社。ほかに，佐古「学校組織開発研究の視点と方法論に関する基礎的考察－学校組織の変革課題と変革方略について」『鳴門教育大学学校教育研究紀要』21，2006年。

第3章　自律的学校経営の構築とミドルリーダーシップ

第1節　ミドルリーダーシップの本質

　スクールミドルの役割は二つある。一つは部門校務の企画とその実施運営，もう一つは学校経営への参画である。いずれにおいても「中間概念」の創造がその核心である。それは第1に，個人やチームがかかえる問題や課題という実践知（個別知・現場知）を受けとめ，解釈ないしは翻訳，加工して新たな価値をもった実践知を創造し，実践可能な知に変換する働きである。第2は，学校経営のビジョンや戦略の構築に関わる校長の意思など，戦略知（組織知・全体知）のアイデアを提案したり，また個人・チームがそれを共有できるよう，その知を受けとめ，解釈ないしは翻訳，加工して実践可能な知に変換する働きである。第1，第2は個人やチーム，校長などスクールリーダーとの関係のなかで想定される役割と機能を述べたものである。主任教諭，指導教諭，主幹教諭の役割や機能を考える場合には，中間指導職，中間管理職の「中間」についてその意味するところや本質を専門職組織たる学校にふさわしいものとして運用するという観点から再定義することが必要だと考える。「中間概念」（「中間知」）はその一つの答えである。こうした「中間概念」を創造しうるミドルリーダーの育成，また彼らの活躍の機会を創出することはトップリーダーたる校長の大きな使命だろう。同時にそうしたことを可能にするシステムが制度として構築されていることが重要である。

　中間概念は，具体的な問題や課題の処理，解決における個人とミドルの間，ミドルと組織の間，個人と組織の間，部門組織と部門組織の間における問題や課題の処理，解決に際して必要だというだけではない。また中間概念は戦略的

な意思決定の場面だけではないということも確かである。こういうのも，純粋に中間概念で語ることができるミドルリーダーシップはおそらくかなり限られたものになるからである。そうであっても中間概念をミドルリーダーシップの本質とするのは，それ抜きにしてミドルリーダーシップを語ることができないからである。日常的には，職制にかかわらずミドルとして期待されている業務をこなしているなかで発揮している，その気にさせる，動機づける，影響力，アドバイス，相談に乗る，人間関係づくり，組織の活性化ということが日常の活動でのリーダーシップの姿であろう。これとは別に学校運営としてスクールミドルに期待される役割と機能がある。それは学校づくりに対する自らの思いと信念にもとづく行動である。学校づくりは校長だけがするものではない。学校を構成する者，学校に関係する者，公教育としての学校教育を担い，推進するすべて者の関心事であるとともに，責任でもある。ミドルは自らの立場（職制）からだけでなく，学校構成員の一人として，そして一定の経験を備えたミドル層としての立場と責任から学校づくりに寄与もしくは貢献することが期待されるからである。

　現在，学校はワイングラス型教員年齢構成となっているといわれるように，増加する若手教員問題やこれから10年，大量退職がもたらす問題と並んで空洞化するミドル層という現実から生まれるスクールミドル問題への対応が学校経営や教育行政にあって大きな課題となっている。こうした課題への対応は年齢構成問題がなくなったら，問題が解決するというのではない。この問題の解決のためには，組織における永遠で，かつ本質的なテーマであるとの認識に立ち，組織におけるミドルのあり方を考えながらミドルの再定義が不可欠であること，そして学校文化など各学校，さらには日本の学校それぞれが創造，蓄積，向上，継承，発展させてきた学校の知や技を新たな環境のもとでつくり変え，新たな文化を創造，伝承していくことで学校力を高める機能をミドルに期待するという認識が必要である。

　ミドルは，担当校務を実務として確実にこなすという，これまでの業務や業務遂行スタイルにとどまらず，その業務自体を戦略的に計画，実施運営すると

いうことにその役割がある。つまり担当校務を，一方では学校経営の方針や戦略とリンクさせて業務を翻訳，実施運営する，他方でこれまでの業務活動をふまえながらも，そこに新たな視野と視点から業務活動を編集，構想することである。現在，戦略的ミドル，戦略的ミドルリーダーが自律的学校経営の構築のために必要とされている。こうしたミドルの存在，役割は外国でも確認することができる。OECD（Organisation for Economic Co-opertion and Development，経済協力開発機構）はスクールリーダーシップ―ミドルリーダーシップへの関心を強め，これが学力，指導力，学校力の改善と高度化につながるとの認識に立ってきている[1]。また EU（European Union，欧州連合，27国加盟）でも同様な傾向を強めているといわれる[2]。自律的学校経営の導入を進めている国でも，担当業務を超えて学校改善に貢献する役割や，階層的モデルから協働を重視する協働的モデルへと役割モデルの考え方が変化しているといわれる[3]。

　イギリスでは，担当業務を超えて学校独自の文脈をつくっていくことにミドルの役割期待が移っている。

　2010年に労働党から保守党・自由党の連立政権へ移行したことにより教育分野も地域主権，自律的学校の創造を理念に"小さな政府"の政策のもと運営するように変化している。国の教育関与を集権型から分権型へ，教育目標策定を国から地方へ，マネジメントスタイルを国の統制と国が定める基準にもとづき学校運営する官僚制（bureaucracy）から自律的運営（autonomy）へ，国家カリキュラムにもとづいた授業から，学校が自由に作成したカリキュラムにもとづいた授業への変化を読み取ることができる。2012年から NCSL（National College for School Leadership, 国立スクールリーダーシップ・カレッジ，2000年設置）が国家財政の削減（コスト削減）と分権型教育を実現するために教育省の一部局化ないしはそこに編入され，その役割や機能が縮小されることや，今年から校長になるのに NPQH（National Professional Qualification for Headship, 校長国家資格，1998年導入）が必要なくなったこともその事例である。

　2011, 2012年の両年，OfSTED（Office for Standards in Education，教育省から独立し議会に直接責任を負う監査機関である教育水準機構，1992年設置）から，とく

にすぐれた学校（outstanding school）と認定された the Green School（有志団体支援運営学校，a Voluntary Aided Church of England School）の女性校長 P. Butterfield さんは国の教育運営の考え方が次のように変化したと説明してくれた。強い国家規制から地域主権へ，国家目標の遵守から地域目標の自律的設定へ，国の規制による公正さの確保から地域・学校の自律性（autonomy）と信頼（trust）にもとづく現場の構築へ，国から与えられたプログラムの実施からプログラムを創造しようとする現場の創出へ，専門職基準など標準化されたものから規制緩和（deregulation, reducing）してより自由に実践できる方向へ，国が学校のシステムを計画することから，独立性と自律性が強い Academy, Teaching School（TS），Free School など新しい学校の設置，運営に向けて学校自らシステムを構想し創造，開発する方向へと。

　イギリスでスクールミドルの役割が重視されるようになったのは，ここ 10 年だといわれる。その理由・背景の一つは学校の年齢構成である。年齢構成のかたちを日本では"ワイングラス型"と呼ばれ，イギリスでは"ラクダの背中ダイヤグラム"と呼んでいる。20 歳代と 50 歳代が多く，30～40 歳代のミドル層が少ないラクダの背のような構成になっているからである。ここから 20 歳代教員の職能開発をどう図り，ミドルリーダーとしてどう継続的に育成するか，またミドル層をミドルリーダーとしてどう育成するかやリーダー機能を発揮させるかが課題だといわれる。

　第 2．Academy や TS の設置を通して自律的学校を構築するために学校と校長の権限を拡大する政策が展開され，それにともなって校長の業務が拡大し責任が非常に重くなった。これをミドル層にシェアし，分散させる。

　Academy は公立校ではあるが，学校運営に大幅な権限が与えられる。学校予算は地方政府を介さず直接国から交付される独立性の強い学校（独立学校）である。Academy や TS では権限や裁量が拡大し，独立的，自律的に学校運営ができるようになる。それにともない校長の業務量も多くなり，責任も重くなるので，役割と権限の分散化が不可欠である。その受け皿としてのミドルのリーダーシップや組織などに同僚性や協働性を志向する学校ストラクチャーの

改善が求められるとし，とりわけミドルリーダーへの期待を強め，そのリーダーシップのあり方（ミドルリーダーシップ）を改善する必要があるといわれる。このため権限や責任をミドル層に分散させプレッシャーを緩和し，マネジメントを実現することが校長の役割だとされる。同時にそのことでミドルリーダーの力量を高め，学校運営への貢献意欲を高めることにしている。

　第3．次世代のスクールリーダー育成を視野においてミドルリーダーを育成するという戦略がとられるようになった。こうした問題意識がNCSLにミドルリーダー研修をこれまでに増して期待するようになっているのではないか。さらにAcademyやTSでの学校運営におけるミドルリーダーの役割やリーダーシップのあり方を改革し，期待する役割や機能を抜本的に見直すことや，それにふさわしい学校運営のシステムを構築するという方向に動いているのではないかと思われる。こうした事情からNCSLはミドルやミドルリーダーの育成にその役割を据えるようになったのではないかと推察できる。以上は，2012年3月26日〜29日，NCSL，LCLL（The London Centre for Leadership in Learning，ロンドン大学教育学部リーダーシップ開発センター），outstanding schoolであるグリーンスクール，マーチャントテーラーズスクール（Merchant Taylors' School，MTS．1561年設立された私立学校。パブリックスクールで十指に入る）での現地調査，NCSLでのレクチャーや研修の受講などで得た情報にもとづいている。

　これまでのイギリスにおけるスクールミドルは，末松の研究[4]ほか高野，水本，織田の研究で展開されている[5]。イギリスのスクールミドルについては，第Ⅲ部「スクールミドルの世界的視野」で詳しく論じているので，参照されたい。

　学校ミドルの役割の本質は，戦略的発想，戦略的思考，戦略的実践にもとづくミドルリーダーシップにあるといってよい。それは戦略知のクリエイティブな翻訳・編集・意味づけによる実践知モデルの構築，実践知のクリエイティブな翻訳・編集・意味づけによる戦略知モデルの構築，これらを可能にするクリエイティブなコミュニケーション空間モデルの構築がリーダーシップモデルの要素を構成することになろう。このようなスクールミドルの捉え方，考え方は

まったく新しいものである。ミドルリーダーには，若手の育成・支援，協働関係や同僚的人間関係の構築，学校の雰囲気・文化の形成，学校経営ビジョンの共有化とこれを実現するリーダーシップが期待される。こうした機能がフォーマルなミドルの仕事を支え，意味づけ，特色づけている。これもミドルリーダーシップの重要な側面である。

　学校の問題や課題の処理・解決，言い換えれば学校の意思形成，意思決定における「経営空間」の存在，そしてその形成，創造は重要である[6]。とりわけ，教育の専門職組織としての学校にあって教育に関する多くの事項は，さまざまな組織の意見や検討をふまえて意思形成，決定するプロセスをたどることが必要であるからである。一定の判断や行動を選択する行為としての意思決定（decision making）では，豊富な経験と体験を通して形成した高度な識見と力量が求められることはいうまでもない。意思決定の過程では，組織を通して関係する人たちが知恵を出し合い，協働関係を深め，かつ形成し確かな意思が形成され，意思の質を高めているかが重要になる。「組織を通して」と「組織の力」により意思の質を高め，意思決定することが重要だからである。意思形成過程は知恵や意見が交換され，問題や課題を解決する時空である。これを可能にするのは自らの意思決定過程のなかに問題や課題を処理・解決するプロセスとして対話やコミュニケーションという時空を整え，それを大切にするというミドルの姿勢とリーダーシップであろう。それはミドルやミドルリーダーに限らない。メンバーがそれぞれアイデアを持ち寄り，話し合うことで，そのアイデアが組織のビジョンや戦略の形成につながることは，ままあることである。そうしたことが組織における意思形成や決定のプロセスに多様に，かつ多元的に存在することがダイナミズムのある，よい組織だといえる。ミドルリーダーシップはそうした組織を創造し，持続，機能させる働きでもある。

第2節　ミドルリーダーシップの構造と過程

　学校における個人・集団レベルの活動と全校組織レベルの活動に対してミド

ルがどう対処し，そこでの問題を処理・解決するかに関わる知がどのように形成され，実践化されるか，いやその知をミドルがどう構築し，実践化するかについて，「中間概念」の構造と過程という視点から以下見ていくことにする。このためにいくつかの前提を述べておく必要がある。

　中間概念の創造は，ミドルリーダーシップの核心をなすものであるが，それがすべてではないということである。むしろこの働きは，ミドルの意識においてはもちろん，日常の仕事においても自覚的になされることはきわめて稀である。また日ごろのこの働き以外の活動がミドルの大部分を占めているということは経験的に確認できる。にもかかわらず，こうした中間概念の創造をミドルリーダーシップの核心におき，その性質や特徴を明らかにする意義は，ミドルリーダーシップの役割を明確にするためということは当然として，ミドルリーダーシップの自己形成や次世代ミドルの育成，次世代スクールリーダー育成につらなるミドルリーダー育成の視野を鮮明にするために不可欠な理論的，実践的な前提であると考えるからである。こうした前提を共有することによって多くの分野の人たちがミドルリーダーシップについて語り，論じ，その論を膨らませ，深めることができるのだと思う。

　次の図3.1は，ミドルの「中間概念」の創造・実践化モデルである。

　中間概念は，個人や現場の問題や課題に対応してその解決を助け，さらにそこでの問題や課題を組織（中間組織・全体組織）を通して，もしくは組織の問題として捉え解決するために必要なミドルの判断，意思である。「個人・現場の課題・意思」とは，個人や集団，現場が直面している問題や課題をさす。

　中間概念の創造としてのミドルリーダーシップを考える事例は事欠かない。例えば，若手教員問題，ベテラン教員の活用，学級問題，学年問題，指導力，校内研究，コミュニティスクールの導入，成績など個人情報問題，学習指導要領の改訂，学力問題，学力調査，学校評価のような事例を列挙するだけで十分だろう。

　「個人・現場の課題・意思」は同時に個人や集団が有している知恵，エネルギー，能力である。個人の問題解決力としての個人知と考えてもよい。個人や

集団のかかえる問題の処理・解決を可能にする知である。同時にここでの問題や課題が学校にとって基本的で構造的なものであるならば，組織知として組み替え編集する必要が出てくる。「個人・現場の課題・意思」はミドルが日常的に直面し，対応する状況でもある。他方，日常的な，そして短中期の学校運営において生まれる，もしくは解決が必要な問題や課題に対して学校として判断し，一定の方針や意思を明らかにしなければならない。この場合，校長は関係組織で協議したり，また関係者に相談したり，意見を聞きながら判断し，方向性をかたちづくっていく。ミドルはこの過程に関わり自らの意見や判断を述べたり，求められれば校長の意思形成に対して積極的に対処する。

　図3.1で示す「学校の課題・意思」は，組織が直面し，もしくはかかえる問題や課題であり，また組織の目的やミッションを達成するために結集された組織としての問題解決力である。「組織としての」とは，組織がかかえる，もしくは組織が直面する問題や課題を組織ないしは組織力を活用して対処，処理・解決することを意味する。例えば学校には，経営方針や経営計画があり，それにもとづき学校のさまざまな活動や組織が機能している。その大元を動かしているのが学校経営のビジョンや戦略である。これを戦略知とすれば，戦略知の構築に第一義的に責任をもつのは校長であるが，構築に必要な意味ある情報の提供はミドルに期待するところが大きい。むしろ校長にとってミドルの斬新で，クリエイティブな行為は自らの戦略形成に大いに参考になるし，役立つことも経験的事実であり，理論的にも確認される。ミドルが戦略的に，つまり状況的，全体的，構造的にものごとを洞察，判断し，それによって描いた知であるならば，課題解決にあたってその知の力は計り知れないものになる。

　個別知は，何も介せずにストレートに組織知になるものではない。その間には知としての情報の分析，解釈，加工，意味づけなどがあって組織にとって必要な知がつくり出される。また組織知も個人にそのままストレートに受け入れられるものではない。その間において組織知を受け止め，解釈され，一定の意味づけがなされ，個人や集団に受け入れやすい実践知に加工する必要がある。これらの仲立ちとなる媒介項がミドルである。これはミドルが経営スタッフと

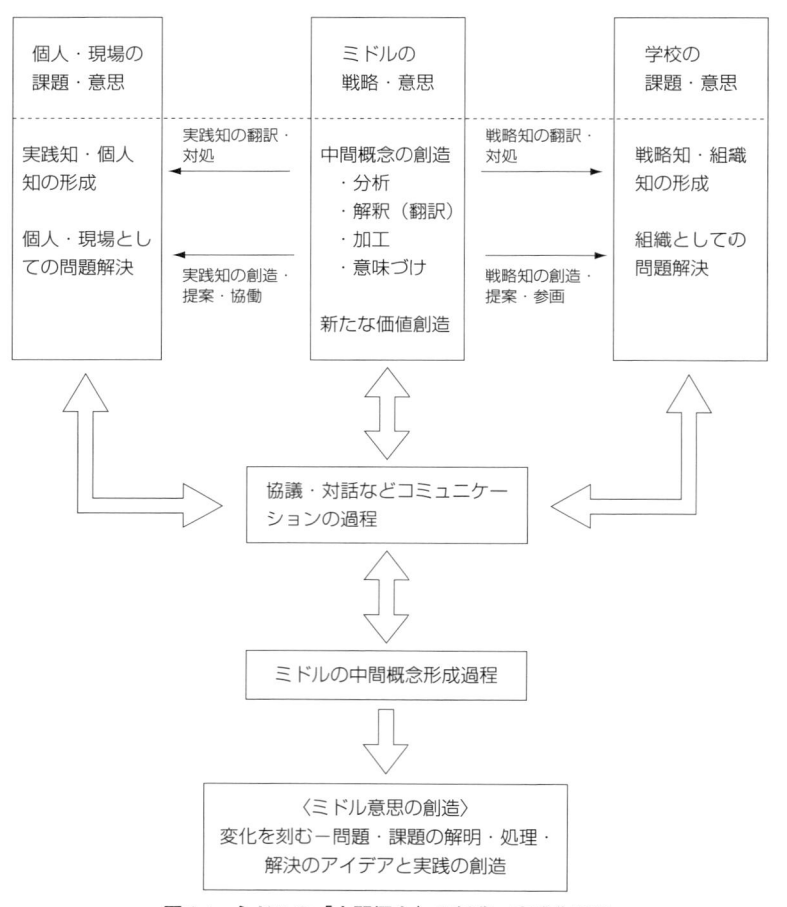

```
┌─────────────────┐  ┌─────────────────┐  ┌─────────────────┐
│ 個人・現場の     │  │ ミドルの         │  │ 学校の           │
│ 課題・意思       │  │ 戦略・意思       │  │ 課題・意思       │
│─────────────────│  │─────────────────│  │─────────────────│
│ 実践知・個人    │←─実践知の翻訳・─ │ 中間概念の創造  │─戦略知の翻訳・→│ 戦略知・組織    │
│ 知の形成         │   対処            │ ・分析           │   対処           │ 知の形成         │
│                  │                   │ ・解釈（翻訳）   │                   │                  │
│ 個人・現場とし  │                   │ ・加工           │                   │ 組織としての    │
│ ての問題解決    │←─実践知の創造・─ │ ・意味づけ       │─戦略知の創造・→│ 問題解決         │
│                  │   提案・協働      │                   │   提案・参画      │                  │
│                  │                   │ 新たな価値創造  │                   │                  │
└────────┬────────┘  └────────┬────────┘  └────────┬────────┘
         ↕                    ↕                    ↕
         └──────────→┌─────────────────────┐←──────────┘
                     │ 協議・対話などコミュニケー │
                     │ ションの過程              │
                     └──────────┬──────────┘
                                ↕
                     ┌─────────────────────┐
                     │ ミドルの中間概念形成過程 │
                     └──────────┬──────────┘
                                ↓
                     ┌─────────────────────┐
                     │ 〈ミドル意思の創造〉    │
                     │ 変化を刻む－問題・課題の解明・処理・│
                     │ 解決のアイデアと実践の創造 │
                     └─────────────────────┘
```

図 3.1 ミドルの「中間概念」の創造・実践化過程

して学校運営に参画しながら日常的に直面し，対応する状況である。こうして「ミドルの戦略・意思」は「個人・現場の課題・意思」と「学校の課題・意思」の場と状況から生まれ，必要とされるミドルリーダーシップである。このために個人と組織の間を取り結ぶうえで媒介項が必要になる。取り結ぶとは，何らかのアクションを起こすことによって二者につながりをつくり，融合させ，も

しくは二者を互いに必要とする関係に仕立てあげることである。野中の理論に重ね合わせれば，ミドルマネジメントは戦略的なマクロ情報（組織知・戦略知）と現実の手探り（ハンズ・オン）のミクロ情報（個別知・実践知），すなわち場に普遍的な情報と場に特殊な情報とを統合できる戦略ポジションにあり，まさに，トップダウンとボトムアップとを組織的に加速させる結節点にある。ミドルを核とした集団が上下に働きかける運動を展開することで，組織内で概念創造の際のノイズ・ゆらぎ・カオスを最も大きく創出させることができる[7]。

　ミドルに期待する働きはこうしたアクションを起こすことである。学校にあって，もっと一般的に専門職組織にあっては，個人と組織の間に融合的で相互補完的なつながりをつくることは言葉で言うほど，簡単なことではない。そのため両者を媒介させる存在が必要になる。これをミドルとすれば，その役割は「中間概念」または「中間知」を創造することにある。学校は組織として小さいから，教員にとってミドルリーダー以外に校長と直接的な関係がつくられる場面は多い。また校長が直接対処し，問題を処理・解決することがらは少なくない。こうして学校では〈「個人・現場の課題・意思」→←「学校の課題・意思」〉という関係と〈「個人・現場の課題・意思」→←「ミドルの戦略・意思」→←「学校の課題・意思」〉の関係が空間として存在している。またそうした存在をヴァーチャルに想定することによって自らの役割を自覚することができるようになる。これがスクールリーダーシップの構造と実践化過程の特色である。

　スクールミドルが位置する中間という「間」について教育哲学者の宮寺は，スクールミドルの独自性と固有性は「上位にも下位にも属さない中間者としての存在そのものに，求められなければならない」，また「組織の内部の対立やひずみを，わが身に引き取ること」，「組織全体の求心力と牽引力を，組織の中間部から引き出そうとする」ということで「間」が意味をもち，また「スタッフ一人ひとりの力量を引き出し，組織全体に活力を与えていく」ための媒介項としての「間」であると述べている。これらをふまえ，中間部にいるからこそ，さまざまな人たち，職層の立場や意見の違いがあり，また対立があるなど，そ

の構造が見えるからこそ，それを組織活性化のエネルギーに転換していくことができることに，中間者としてのスクールミドルの役割があるとする。そして「一つひとつの立場や意見を，自由に，対等に扱う。この複数性を担保するのが，スクールミドルである」とした。こうして「学校のミドルリーダーは，次世代のリーダーへの通過点であるばかりでなく，中間者として，固有の存在意義を帯びている」と述べている[8]。

　中間概念は，こうして実践知と戦略知を解釈，編集，意味づけなどの営みを通じて媒介し，それぞれの知に意味ある知，新たな価値を付加したものである。この付加価値こそが中間概念の力である。それぞれの知に必要とされ，知の変革を促す価値，これこそ意味ある付加価値である。知の創造，継承，伝播，総合，進化がスパイラルに展開するコミュニケーションと，その空間の構築，それによる問題解決力と学校づくりにこそミドルリーダーシップの真髄があるのかもしれない。

　個人知と組織知に接する立場にあるミドルによって中間概念が創造され，問題や課題の解決に貢献する。それは新しい発想や知，行動様式，文化が創造され，組織における知のパラダイム（発想や行動の様式）の形成・転換への貢献として語られる。それは学校現場を基点とした教育の視野に立つ学校づくり，人間・社会・国家における教育のあり方を視野においた学校づくりであるべきだと考える。そうした壮大な専門性，ミドルリーダーシップでありたい。組織知からは，これもまた組織知を環境の関わりで読み解き，現場が求めている知として解釈，加工して現場に降ろす必要がある。ミドルの知は，個人知と組織知と重なり，交差しながらも，それ自身，独自な知を形成し，それによって学校を活性化させ，問題解決力ある組織に蘇らせていくものであるし，そうでなければならないだろう。そうしたミドル知の役割の確認が大切だと考える。

　同様に，教員は個人として，またチームとして行っている教育活動や分掌活動のなかでさまざまな問題や課題をかかえ，またそれらに直面している。それは人間関係，職場の雰囲気，職務の満足感や充足感，キャリア形成など個人に関わる要素のほか，組織運営のあり方やそこでの役割などをめぐって，ストレ

スとなったり，自己実現につながるものであったり，その有りようはさまざまであるが，こうした個人と組織の問題や課題の処理・解決に対してミドルとして実務的に対応することのほか，学校づくりや学校改善との関わりで問題・課題解決の意味づけや方向づけをするなど戦略的な対応，支援をすることが求められる。このために多様な対話としてのコミュニケーションを可能にする空間（コミュニケーション空間・対話空間）をつくることが必要になる。その場合，視野の深さと広がりのあるコミュニケーションによって対話する組織をどうつくるかは，ミドルの真骨頂というべきもので，そのためのエネルギーや力量，そして信頼感が重要になる。

　それでは，ふくらみがあり，しかも強い問題解決力をもった中間知をどうしたら創造することができるのだろうか。

　一つは現場を知ることである。このほかに教職員の仕事現場はもちろん，保護者・地域社会のニーズを読むことと，現場を取り巻く環境や状況を読み解くことである。具体的に各教員の状況について，また分掌活動の状況など現場が担っている活動の状況をしっかり知ることが重要になる。このことによって現場が何を求め，必要としているかが環境との関係で明確にすることができる。これは個人知であると同時に現場知でもある。現場の問題や課題のなかにそれを解釈する糸口としての中間知が潜んでいる。それを発見することがミドルの力量であろう。現場にこそ問題の処理・解決のヒントや方法があり，現場が取り組むべき課題や進むべき方向がある。スクールリーダーの戦略性に対して現場の環境をふまえた現場をベースにした創造性がミドルリーダーシップの核心である。学校は，組織規模は狭くはあるが，現代の教育問題や学校問題，さらには社会問題が凝縮されている。これらの問題の解決に必要なリアルな鍵はここに潜んでいる。しかし現場主義は，決して「這い回る経験主義」であってはならない。また学校づくりは，そうしたものではないはずである。それは，公教育を視野に高い理想と志に立つ教育の実現をめざして行われる壮大な実験場でもあるからである。つまり学校現場を基点とした教育の視野に立つ学校づくり，人間・社会・国家における教育のあり方の視野に立つ学校づくりであるべ

きだと考える。組織知からは，これもまた組織知を環境の関わりで読み解き，現場が求めている知として解釈，加工して現場に降ろす必要がある。

第3節　学校組織と人間の問題

「新たな職」は，学校組織のあり方として考えることにとどめず，人間の問題としても受けとめることが必要だろう。これが「新たな職」を創造的に運用し，その職の内容をより豊かにすることに貢献することになると思う。

働くということ，つまり労働は人間の本質的な行為であり，そのことによって人となり，人とのつながりをつくり，そうした過程に喜びや充実感を見いだし，人と社会の間に接点を創り出すことができる。人間における労働の問題，労働における人間の問題である。労働は，まるごと人間の問題でもある。したがって労働を断片化し，人間の生き方やあり方から切り離すことはあってはならない。一般に子どもの学び，教員の教育活動，スクールリーダーの経営活動はそれぞれ行うのは別人であるが，それぞれが共有し，もしくは共有するに足る目的や価値があることでコミュニケーション，協働，コミュニティがつくられる。産業革命期のイギリスで社会改革を展開し，労働と教育の結合という観点から性格形成学院を設置し，空想的社会主義者としていわれるロバート・オーエン（Robert Owen, 1771-1858）は「生命なき機械」に対して人間を「生命ある機械」にたとえ，部下である人々の性格形成と安楽の増加に配慮することが結局は雇用者の利益につながると述べ，労働のなかに人間性，人間の問題を絡ませ，その改善を訴えた。教員にとって子どもは，スクールリーダーにとって教員はそれぞれ「生命ある機械」である。経営において人間的要素が注目される100年ほど前，労働が感情（人間的要素）と分かちがたく結びついており，感情と切り離して「労働（学習）させる」ことの無意味さを指摘していたことに改めて驚きを禁じ得ない[9]。

第Ⅰ部第2章第1節（2）でも述べたように，年功序列，終身雇用など日本の人事システムが崩壊し，能力主義，成果主義などが導入され，日本的経営と

いわれる経営文化は消滅したかに思われた。しかしながら，規制緩和による派遣労働，短期契約雇用等により非正規社員が増加し，またこれらの労働慣行・労働環境が常態化した。正規社員と非正規社員の間の労働条件の格差ばかりでなく，正規社員の間でも格差が拡大した。フリーター，ニート，ワーキングプア，格差が今日の社会の姿とかたちを象徴する用語にもなっている。これらが少子高齢化社会などと重なり合って現在の生活の不安と将来の生活に展望をもてない社会がつくられてしまった。ここでは共生と共存への問題意識はない。つながりや絆という観点はない。断片化し，つながりを喪失した姿があるだけである。これらの価値にもとづいて組み立てられる組織や社会にいかなる正義があるのだろうか。不況の波が吹き荒れる2000年代，『蟹工船』や『資本論』などが読まれたのも故なしとしない。『蟹工船』は映画化もされた。

　現在の教育は，そして学校経営は，市場，競争，能力，成果，評価などを重視する風潮や政策のもと展開している。学校経営政策は「評価に基づく経営」を学校運営の基本に求め，その推進を促している。新自由主義という妖怪が日本の社会や学校を席巻している。このたび法制化された「新たな職」についても，学校にあってはライン機能が組織を機能させる支配的な力とならないことが望ましい。職制，地位，権限によってしか機能しない組織は，所詮，人間の組織とはなっていくことはない。スクールリーダーシップ，そしてミドルリーダーシップは人間の組織という視野を組み入れた学校づくりに力添えをするものでなければならない。これができるかどうかはスクールリーダーをはじめ教職員の豊かな識見と知恵である。陰や後ろにあって協働や同僚性が息づき，力強いリーダーシップが見られ，教職への誇りと教育活動での達成感が息づく学校づくりが今こそ求められているというべきだろう。そうした学校づくりに寄与する「新たな職」として構築できるかどうかは，人間のあり方，社会のあり方を問いつつ，学校組織を見つめなおすことにかかっている。

　以上のような問題意識は，「管理された学校」から「自律的な学校」，そして「自律的学校経営」という視野から深められる必要がある。　　【小島　弘道】

注

（１）　OECD 編（2007）『スクールリーダーシップ―教職改革のための政策と実践』明石書店。
（２）　末松裕基「ヨーロッパにおけるスクールリーダーシップ開発の動向」『上越教育大学研究紀要』第 31 巻，2012 年 2 月。
（３）　濱田博文「アメリカにおける個別学校の裁量拡大と校内組織改編に関する一考察―「教員リーダー」の位置と役割に着目して―」『日本教育経営学会紀要』第 40 号，1998 年。ほかにも以下のものなどがある。織田泰幸「学校組織におけるミドルマネジメントに関する考察―イギリスの自律的学校経営におけるミドルの位置」中国四国教育学会『教育学研究紀要』48（1），2002 年，422-427 頁。末松裕基「外国のスクールミドル①」連載第 3 回「学校経営とスクールミドル」『月刊　高校教育』2009 年 6 月号。
（４）　末松裕基「中等学校における教科主任の役割期待―カリキュラムマネジメントの視点から―」『日本教育経営学会紀要』第 48 号，2006 年）。ほかに以下のものがある。「外国のスクールミドル②」連載第 4 回「学校経営とスクールミドル」『月刊　高校教育』2009 年 7 月号。イギリスで 1960 年代の中等学校の総合制化を受けて教科主任の役割が注目された経緯にふれた「イギリスにおける教育課程経営に関する研究―教科主任の役割に着目して―」上越教育経営研究会『教育経営研究』第 15 号，2009 年，「イギリス中等学校のカリキュラムマネジメントにおける教科主任（head of department）の役割に関する研究」筑波大学大学院中間評価論文，2006 年。
（５）　高野桂一「イギリスの学校経営の基本問題〈1〉〈2〉」『学校運営研究』第 1 号，2 号，1975 年。水本徳明「イギリスの学校経営における主任の役割」『季刊教育法』74，1998 年。織田，注（3）前掲論文。
（６）　小島弘道・渕上克義・露口健司（2010）『スクールリーダーシップ』（学文社）の小島執筆の第 7 章「自律的学校経営の構築とスクールリーダーの役割」を参照。
（７）　野中郁次郎（1990）『知識創造の経営』日本経済新聞社，129 頁。
（８）　宮寺晃夫「スクールミドルを哲学する」連載第 11 回「学校経営とスクールミドル」『月刊　高校教育』2010 年 10 月号。
（９）　ロバート・オーエン「工場経営者への提言」ハーウッド・F・メリル編，上野一郎訳（1968）『経営思想変遷史』産業能率短期大学出版部。人間と労働の問題は永岡順・小島弘道編著（2002）『人事運営と学校の経営』（東洋館出版社，14-18 頁）で論じている。

第Ⅱ部　スクールミドルと職能発達

第4章　スクールミドルの職能発達を考える視点と理論

第1節　ライフサイクル論からみた中年期とスクールミドル

1　中年期の捉え方

　不惑とは，40歳のことをいう。この言葉は，『論語』の「四十にして惑わず」からきており，孔子は四十に達すると心が迷うことがなく，自分の生き方に確信をもつようになったとされる。だが裏を返せば，それだけ，この歳が惑うことの多い時期であることを示しているようにも思われる。

　この不惑と位置づけられた時期を，「人生の正午」と名づけたのが，ユング（Jung, C. G.）である。彼は人生を太陽の動きになぞらえて，ちょうど人の頭上を太陽が通過する「人生の正午」である40歳前後には，発達に関して決定的な変化が起こると主張した。それは，太陽の位置が午前と午後では変わり，人の影の向きが逆になるように，午前，つまり人生の前半までに抱いていた理想や価値観が逆転し，午後である人生の後半からは，これまでとは違った価値観が求められるというのである。ただ，自らの価値観を人生の前半・後半でガラリと変えることは容易にはできないだろう。そのため，人生の前半から後半への転換期にあたる中年期には，相反する価値観が共存し，戸惑いを生じやすいのかもしれない。それに関連して，河合隼雄（1976）は，ユングの研究をふまえ，中年を上昇してきた太陽が下降に向かう人生の転回点と位置づけたうえで，そこは「頂点にあって，すでに下降と消滅を内在している」と中年期に潜むアンビバレントな特徴を捉えている。

　同じようなことは，スクールミドルの場合にも，いえるのではないか。不惑や「人生の正午」といった中年期を迎えた中堅教師であるスクールミドルは，

実践経験を積み重ねてきたことにより，一人前の教師としての自信や安定感も生まれ，学校の中核として，周囲からの期待も大きい。しかしその一方で，彼らは「授業のパターン化や学校生活のルーティンを通しての硬直化，子どもとの距離感の拡大等にもとづく自己の発達停滞への不安も併せ持っている」とされる（石川，2007）。つまり，教師にとっての中年期は安定や成熟だけではなく，多くの危機も含んだ，いわば「成熟と危機のアンビバレントな時期」（高井良，1994）として捉えていく必要があるだろう。

こうしてみると，教師という専門職に要請される職業的能力の発達，なかでもスクールミドルの職能発達（professional development）を考えるには，彼らがミドル期，すなわち中年期を迎えていること自体が重要になってくる。そこで，まずは乳幼児期から高齢期までのライフサイクル全体の発達を包括的に捉えていこうとする生涯発達論の視点から，中年期というライフステージ（舞台）に迫ってみたい。そして，その舞台で教師として生きるスクールミドルの職能発達を考えていくことにする。

2　レヴィンソンの生涯発達論 ―人生半ばの過渡期―

不惑や「人生の正午」という時期を，生活構造（ある時点における，その人の生活の基本的パターン）の変わる「過渡期」として注目したのが，レヴィンソン（Levinson, D.）である。彼の論は，工場労働者，企業管理職，大学の生物学者，小説家という職に属する 40 人の中年男性に対する面接調査をもとに導きだされたものである。彼によれば，人の発達は，生活構造が築かれる「安定期」と生活構造が変化し，心理的な危機や葛藤が生じやすい「過渡期」の繰り返しであり，生活形態や職業等にかかわらず，成人期にもある程度の共通した発達のプロセスがあることが示された。なお，当初の彼の研究では，男性のみを対象としたものであったが，その後，女性についても同様の調査を行い，性別にかかわらず同様の結果がでることを確認している。

図 4.1 は，レヴィンソン（1978/1992）が提案した成人発達段階である。図をみてみると，成人期に入ってからは，40～45 歳と，60～65 歳の二つの大きな

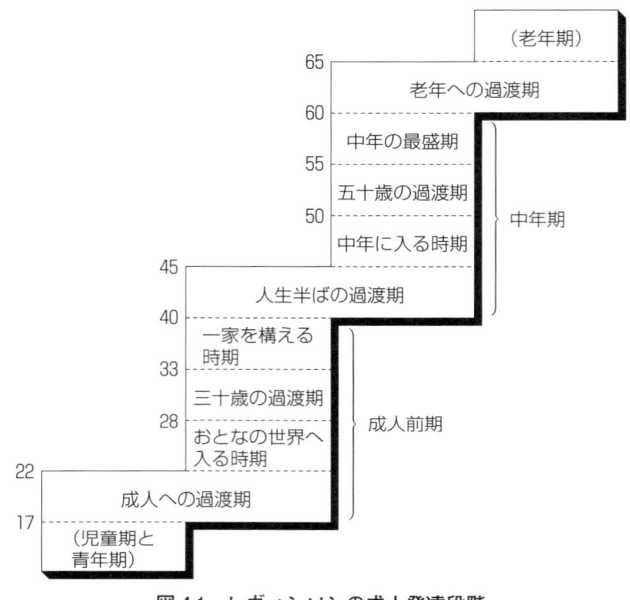

```
                            ┌─────────
                         65 │ （老年期）
                            │
                         60 │ 老年への過渡期
                            │
                         55 │ 中年の最盛期          ┐
                            │                      │
                         50 │ 五十歳の過渡期        │ 中年期
                            │                      │
                         45 │ 中年に入る時期        ┘
                            │
                         40 │ 人生半ばの過渡期
                            │
                            │ 一家を構える         ┐
                         33 │ 時期                  │
                            │                      │
                         28 │ 三十歳の過渡期        │ 成人前期
                            │ おとなの世界へ        │
                         22 │ 入る時期              │
                            │                      │
                         17 │ 成人への過渡期        ┘
                            │ （児童期と
                            │ 青年期）
```

図 4.1　レヴィンソンの成人発達段階

出所：Levinson（1978/1992, p.111）

過渡期があることがわかる。なかでも，40〜45歳は「人生半ばの過渡期」として，成人期の重要な転換期に位置づけられていることに注目してほしい。

　この「人生半ばの過渡期」には，「若さと老い」「破壊と創造」「男らしさと女らしさ」「愛着と分離」といった相対立する心理的課題が顕在化してくるといわれる。例えば，「若さと老い」の拮抗をスクールミドルの場合にひきつけて考えてみると，「人生半ばの過渡期」という人生の峠にさしかかったとき，普段から子どもたちと接し，まだまだ若いと思っている反面，体力の衰えなどから，もう昔のように体を張って部活動等を指導していくのは難しいと年齢を意識させられるなどは，多くのスクールミドルが感じていることだろう。したがって，これらのアンビバレントな課題を認め，共存させながら，自分のなかでどう折り合いをつけていくかが中年期の課題となっているのである。

ここまでみてきたように，人生における 40 歳前後は，「不惑（孔子）」「人生の正午（ユング）」「人生半ばの過渡期（レヴィンソン）」，このほかにも「締め切りの世代（シーヒィ）」「第二の青年期（ヴァイラント）」など，さまざまに呼ばれている。論者によって，その年齢範囲は若干異なるものの，人生の半ばである中年期が，われわれの人生の見直しや再構成をはかる重要な転換期であることは，共通した見方であるといってよいだろう。

3　家族発達論からみた中年期とスクールミドル

　生涯発達論によれば，人は一生を通じて発達していくと捉えられるが，発達していくのはなにも個々の人間だけではあるまい。彼らを取りまく，家族も同じように発達する存在と考えるのが，家族発達論の立場である。ここでは，家族発達論から中年期を捉え，教師の職能発達に対する家族の影響を考えてみよう。

　表 4.1 は，子どもがいる夫婦というわが国の平均的な家族の家族発達段階を示したものである（徳田，2002）。徳田による家族発達段階の表については，実際には成人初期も含まれているが，ここでは中年期に関連の深い成人中期・後期の部分だけを取り上げることにした。表は，Ⅰの個人としての「成人の発達段階」，Ⅱの家族という一つのシステムの発達を示した「家族のライフサイクル」，Ⅲの自分の「子どもの精神発達段階」から構成されている。そして，この三つの発達は重なり合い，互いに影響を及ぼし合いながら展開しているのである。そのはざまでのせめぎ合いのなかから，多くの成人期の危機が生じる場合が少なくないと岡本祐子（2005）は指摘している。

　例えば，「人生半ばの過渡期」を迎えた成人（夫婦）の場合を表でみると，家族のライフサイクルでは「十代の子どもをもつ家族」として，子どもの親離れと心理的自立にともなう葛藤を生じやすい時期にあたる。この時期の親子関係の難しさはよく耳にすることであるが，その原因を子どもだけに求めることはできないだろう。なぜなら，子どもが思春期・青年期という大人への階段を駆けあがる際の発達上の課題（アイデンティティの確立）を抱えているときには，

表 4.1 家族発達段階（成人中期・後期）

	成人中期				成人後期
I 成人の発達段階	人生半ばの過渡期 (40〜45歳) ○重要な転換点 ○人生の目標や夢の再吟味 ○対人関係の再評価 ○体力の衰えへの直面 ○これまで潜在していた面を発揮する形で生活構造の修正	中年に入る時期 (45〜50歳) ○安定感の増大 ○成熟と生産性 ○生活への満足感	50歳の過渡期 (50〜55歳) ○現実の生活構造の修正 ○転換期	中年の最盛期 (55〜60歳) ○中年期第2の生活構造を築き上げる ○中年期の完結，目標の成就 ○安定性	老年への過渡期 (60〜65歳) ○老年期へ向けての生活設計
II 家族のライフサイクル	第4段階 〈十代の子をもつ家族〉 友愛的であること ←→孤立化 ・子どもの親離れと心理的自立にともなう葛藤 ・新しい異質の考え，親としての自分を超えた理想像や権威像の受け入れ	第5段階 〈子どもたちが家族から離脱するとき〉 家族内の再構成 ←→束縛するか突き放す ・子どもの社会的自立にともなう子離れの葛藤		第6段階 〈親のつとめを終わる①〉 夫婦関係の再発見 ←→落胆 ・老化からくる心身の障害に耐えること ・自分が必要とされることによって相互依存関係ができ上がる	第7段階 〈親のつとめを終わる②〉 相互の扶助 ←→無用者意識
III 子どもの精神発達段階	思春期・青年期 アイデンティティの確立←→拡散 《忠誠》	成人期 親密性←→孤立 《愛》		壮年期 世代性←→自己陶酔 《世話》	

出所：徳田（2002，p.157）の成人中期・後期の部分だけを抜粋した。なお，原文の表にあった自我同一性というタームは，アイデンティティに表記しなおして用いてある。

親自身も中年期という人生の岐路に立ち，自分の人生の見直しとこれからの生き方を再構成するという発達上の課題（アイデンティティの危機）に直面しているからである。そのため，ともに不安定な時期にいる親子の関係は危機を生じやすいと考えたほうがいいだろう。

　さらに発達上の課題は，親子という二世代にとどまらず，祖父母世代も同じくアイデンティティの課題を抱えているといわれる（岡本，2005）。つまり，中年期の人々の親の世代に目を移すと，興味深いことに，祖父母世代である彼らも高齢期に達し，自分の人生と死の受容という，これまた重要なアイデンティティの危機に直面しているのである。

　このように家族発達の視点で，親世代が中年期を迎えた家族をみると，祖父母，親（中年），子どもの三世代のそれぞれが，アイデンティティに関わった発達上の課題を抱え，それが家族のなかで交錯しあっていると考えることができるだろう（岡本，2005）。

　それに関連して，中年期の人々は家族の世代間関係から，「サンドイッチ世代」と呼ばれることがある。すなわちそれは，この世代の人々が，「親でもあるとともに子どもでもある」（大久保・杉山，2000）期間を長きにわたって経験するため，子どもの教育の責任と老親の扶養・介護の責任を同時に担っていかなければならないことを意味している。彼らの世代は，両世代の間にあって，まさにサンドイッチの具のごとく，双方からの援助要請の重圧に押されながら（藤崎，2008），彼ら自身も中年期の課題に取り組んでいかなければならない。

　こうしてみると，教師の職能発達を考える場合にも，家族の影響は少なくないと思われる。とくに，女性教師の場合には，その影響が大きいことが指摘されている。山﨑準二（2002）による教師のライフコース研究の知見によると，女性教師にとって，家族は，「彼女を支えもするが，時として速度を遅くさせたり，方向を変えさせたり，あるいはまたリタイアさせたりする」大きな存在なのである。しかし，その影響は必ずしもマイナスばかりではない。出産・育児の経験を経た女性教師は，「迂回的ながらもその経験過程において『子どもを見る目』や『親の願い』などを感じ取る力量を獲得するという，男性教師と

は違ったもう一つの力量形成の様相を呈している」（山﨑，2002）ことも報告されている。

このように，女性教師にとって出産や育児の経験は，教師としての発達のよき糧にもなる。そして，ある程度育児や家事から解放され，ゆとりも出始めるころ，すなわち中年期は，彼女らにとって，これまでの経験をふまえて自らの教育実践に向き合い，教師として再起動するチャンスにもなるだろう。だからといって，これで家族の影響が小さくなると考えるのは性急である。というのも，長寿化する現代社会においては，中年期の人々が親でもあり，子でもある時期がむしろ長期化しており，スクールミドルも家族のなかで「サンドイッチ世代」としての重責を担い続けていかなければならない。こうしてみると，家族という存在が性別を問わずスクールミドルの職能発達に大きな影響を与え続けていくことは間違いないだろう。

第2節　キャリア発達論からみたスクールミドルの職能発達

1　ライフサイクルとライフコース

ここまでみてきた生涯発達論，家族発達論では，個々の人間や家族の発達を時間軸によってパターン化することによって捉えようとしていた。つまり，発達のプロセスを一般化して描くことによって導きだされた，個人と家族のライフサイクルの視点から，中年期の特性をみてきたわけである。だが，そもそも中年期とは，何歳に始まり何歳に終わるのかというきちんとしたコンセンサスはいまだ得られていない（藤崎，2008）。発達心理学者のシェイエら（Schaie & Willis, 2002/2006）は，中年期を35〜40歳の間に始まり，60〜65歳の間に終わる時期とみなしている。このように年齢範囲を明確にできないのは，それだけ，われわれの価値観や生き方も多様化し，個人差への配慮が必要となってきたため，「発達時期を定義する指標として生活年齢を使うことに限界」がでてきているからだろう。

ここに生涯発達論と家族発達論，ひいてはライフサイクル論の短所があるよ

うに思われる。すなわち，これらの論では発達を時間軸（生活年齢）だけで捉えるため，どうしても年齢輪切り的な発想に陥り，個人差が反映されにくいといった批判を生みやすい。

　そうしたライクサイクル論の短所を補っていくには，ライフコース論からのアプローチが有効であろう。ジールとエルダー（Giele & Elder, 1998/2003）によれば，ライフコースとは「個人が時間の経過の中で演じる社会的に定義された出来事や役割の配列（sequence）」のことをいう。その配列はあらかじめ決まってはおらず，さまざまな出来事や役割が複雑に絡まり合い，せめぎ合うなかで，人々は人生の道筋，すなわちライフコースを歩んでいく。さらに，エルダーによると，ライフコース論は，「時間の経過において個人が実際に経験したことの総体をなす多くのさまざまな出来事や役割を考慮に入れ」ている点が，ライフサイクル論との違いであるとも指摘している。

　出来事や役割を考慮に入れることは，中年期を捉えるうえでも重要であろう。というのも，年齢だけでは確定しにくい中年期を「社会的・家族的責任のもっとも重い時期からその徐々なる離脱過程までを含め」るという，役割を重視した捉え方もあるからである（藤崎，2008）。

　こうしてみると，中年期をとらえ，スクールミドルの職能発達を考えていくには，年齢によるステージ区分を重視するライフサイクル論の普遍的・規則的な特性と，個人の出来事や役割に注目するライフコース論の多様的・個別的な特性の両方からみていくことが必要といえるだろう。その意味では，キャリア発達論が有効な示唆を与えてくれる。

　キャリア発達論からのアプローチとしては，スーパー（Super, 1980）の論が参考になる。彼の論は，キャリア発達を時間軸（ライフ・スパン）と役割軸（ライフ・スペース）の2次元でとらえているのが特長である。これは，まさにライフサイクルとライフコースのそれぞれがもつ長所をうまく結びつけた考え方とみることもできる。とくに，ライフ・スペースの視点をみてみると，彼は，キャリアを単に職業としてだけではなく，個人が一生を通じて経験する共通的な役割，つまり「子ども」「学生」「余暇人」「市民や国民」「労働者」「家庭

人」「その他」の7つの役割としてとらえ，人は一生を通じていろいろな役割を果たしながら，個人と社会との相互作用のなかで，ダイナミックに発達していくものと考えている。

スクールミドルにひきつけて考えてみると，中年期という舞台で，どのような出来事が起こり，どのような役割を彼らは演じていくことが求められているのだろうか。そこで次に，キャリア発達論，とくに出来事や役割の視点から，スクールミドルの職能発達を考えてみたい。

2 中年期の入り口における二重のトランジション

社会的・家族的責任が最も重くなってきたころを，中年期の始まりと捉えるなら，そこには何かしらの出来事や役割の変化が起きているはずである。それは教師とて同じであり，中年期ともなると，多くの教師が教職生活のターニングポイントを迎えることが，教師のライフコース研究でも指摘されている。そのターニングポイントを生みだす契機は，教職年数を経るにつれ，「個人及び家庭生活の変化」と「職務上の役割の変化」が代表的なものと位置づけられる（山崎，2007）。「個人及び家庭生活の変化」としては，結婚や出産・育児があげられるが，これについてはすでに述べてきた。

「職務上の役割の変化」とは，主任職などへの就任と理解してよいだろう。例えば，40歳代前半では65％が主任と名のつく職位に就き，指導主事や教頭・校長になっている者もそれぞれ1割前後いるため，全体として一般教諭にとどまっている教師は，2割を切っているといわれる（紅林，1999）。ただ，たとえ主任職に就かなくても，中年期を迎えたスクールミドルには，スクールリーダー（中核的中堅教員）としての役割を果たすことが求められるようになってくる。換言すれば，学校のなかでスクールリーダーとしての役割を担うようになったころが，「教師にとっての中年期」を迎えたと捉えることもできる。

いずれにせよ，中年期にさしかかると多くのスクールミドルは，スクールリーダーへの役割移行を経験し，そのことが教職生活のターニングポイントを引き起こしていると考えられる。なかでも，主任職への就任は，一般教諭から教

頭・校長という管理職への通過点に位置づけられ，移行段階であるがゆえに教職生活に及ぼす影響も大きい。実際，岡山大学の教職大学院で学ぶ現職教員学生に対するアンケート調査で，仕事面での転機，移行期をたずねたところ，各種の主任職に就いたことを回答した教師が多かった。

さらに，多くのスクールミドルが主任職を経験する中年期の入り口は，キャリア上のターニングポイントとしてのみ位置づくわけではない。レヴィンソンによる生涯発達論の知見によれば，そこは「人生半ばの過渡期（40～45歳）」としても位置づけられていたことを思いだしてほしい。つまり，40歳代前半は教職生活におけるキャリア上のターニングポイントであるだけでなく，自分の人生においてもターニングポイントなのである。しかも，そのターニングポイントは，現段階から次の段階へとすぐに移り変わるような転換点と捉えるより，両段階を併せもつ移行期として，つまりトランジション（transition）と捉えた方が適切であろう。

トランジションとは，キャリアや生涯発達の文脈でよく用いられる言葉で，転機や節目，あるいは移行（期）と訳される。この視点に立つと，教職生活における中年期，とくに40代前半は，キャリアにおいても，人生においてもトランジション，つまり二重の意味でのトランジションにあたる（熊谷，2009）。ちなみに，発達的な視点に立つ理論家は「移行」という訳を好み，キャリア支援の実践家は人生上の出来事の視点から，「転機」という訳をあてる場合が多いようだ（渡辺，2007）。ここでは，その両方の意味を含めているため，あえてトランジションとカタカナ表記を用いることにした。

このようにみると，中年期，なかでもその入り口が，スクールミドルの職能発達の重要な鍵を握っていると考えられる。しかも，そこは彼らにとって二重のトランジションであるからこそ，スクールリーダーへの役割移行が困難をともなうことは想像に難くない。そこで，臨床心理学者であるブリッジズ（Bridges, W.）のトランジション論をもとに，スクールリーダーへの役割移行にともなう問題について，もう少し検討してみよう。

3　二重のトランジションに潜む二重のジレンマ

　ブリッジズ（1980/1994）のトランジション論によると，トランジションは，何かが終わる時期である「終焉」，混乱や苦悩の時期である「中立圏」，新しい始まりの時期である「開始」の三つのステップを踏む，プロセスと捉えられている。ここで重要なのは，ステップのはじめに「終焉」の段階が位置づけられている点である。トランジションといえば，これからはじまる新しい段階のことばかりを考えてしまいがちであるが，新たな始まりの前には一つの段階の終わりがあることを理解しなければならない。そして，「終焉」の次には，宙ぶらりんで不安定な「中立圏」が存在するため，この時期は立ち止まってしっかりと状況を受け止め，自分自身を見つめ直すことが大切である（金井，2002）。

　これをスクールリーダーへの役割移行にひきつけて考えるなら，「中立圏」とは一般教諭から管理職への移行段階である主任職の役割を担う時期と捉えることができる。そして，「終焉」とは一般教諭としての役割の終わりを意味している。ただ，教授活動の実践者としてキャリアを積んできた教師にとって，この役割を失うことの意味は予想以上に大きい。だから，スクールリーダーへの移行期にいるスクールミドルは新たな職務に戸惑いを感じ，思い悩む場合も少なくない。事実，教職大学院で学ぶ現職教員学生に対する先の調査でも，主任職への就任をトランジションと捉えていた教師に，できれば前の時期で終わってほしくなかった経験をあげてもらうと，「授業を教室でする」「いち担任としてだけ，生徒を担任すること」など教育実践者としての役割をあげるケースが目立った。

　ここに，中年期を生きるスクールミドルにとって，「職務上の役割の変化」の難しさが垣間見られる。それは「個人及び家庭生活の変化」が，育児経験に代表されるように自らの教育実践を問い直し，その質を高めていくようプラスに働く場合が多いのとは明らかに異なる。このようにみると，高井良健一（1994）による，「教職の場合，教育実践における研鑽と成長が職階級制度におけるキャリアの上昇に直結しておらず，職階級制度の上昇が教室から離れることでしか成し遂げられないという矛盾があるため，教師はディレンマに陥るこ

とになる」との指摘は，まさに正鵠を射ていよう。

　スクールミドルがかかえるジレンマはこれだけではない。もう一つのジレンマは，彼ら自身が中年期という人生の岐路に立っていることに関わっている。すでにみたようにユングは，40歳前後を「人生の正午」と捉えたが，正午に至るまでの午前，つまり人生の前半は，社会に根づくといった外的世界に適応する，「社会化」が主な課題となっている。それに対して，人生の午後である後半は，これまでの価値観が逆転し，自己の内的欲求を深める「個性化」や「自己実現」が重要な課題となってくる。この考え方にしたがえば，スクールミドルも中年期を迎え，「個性化」の課題に向かって自らを転回することが求められるが，彼らは「子どもたちを学校に適応させる社会化のスペシャリストとしての職業役割を身につけた教師」（高井良，2006）として生きてきた。それだけに，「社会化」の課題に比べて，「個性化」という自身の課題には気がつきにくいばかりか，子どもたちの「社会化」という課題を支援しながらも，自らは「個性化」という課題に対処しなければならないというジレンマをかかえることにもなる。

　このようにみると，中年期の入り口における二重のトランジションには，キャリアと人生の二重のジレンマが潜んでいるといえる。したがってそこは，まさにワップナー（Wapner, 1992）が"人間─環境システムの急激な崩壊"と定義するところの「危機的移行（critical transition）」なのである。

第3節　スクールミドルの職能発達を考える包括的な視点

　ここまで，生涯発達論，家族発達論，キャリア発達論から，中年期というライフステージを捉え，そのステージで教師という役割を果たして生きるスクールミドルの職能発達を考えてきた。これらの論から考察することによって，中年期の入り口は，二重のトランジションという，彼らの職能発達にとって「危機的移行」の時期であり，そこに生きる彼らのジレンマもうかがい知ることができた。

こうしてみると，教師が生涯を通して専門職として歩む道筋は，決して平坦なものではないし，ましてや獲得や増大を示す「成長」といった右肩上がりの道ではないだろう。むしろ，それは「発達」という多様な変化のある起伏に富んだ道であり，スクールミドルにとっては人生半ばという名の峠すらある。

　もちろん，その峠を乗りこえるのは，教師個人である。しかし，職業人たる教師も家に帰れば家庭人，地域では地域住民とさまざまな役割や複雑な人間関係の中で生活している成人であることを見落としてはならない。その意味では，シャイン（Schein, 1978/1991）が「生物学的・社会的」「家族」「仕事・キャリア」の三つのサイクルが相互に影響しあって，人は存在していると指摘したように，「個人」「家族」「職場」という横軸と，ライフサイクルという縦軸の二つの視点から教師の発達をみていくことが必要である（図4.2）。

　とくに，この図4.2で注目してほしいのは，スクールミドルと他世代との縦の関係である。図をみると，スクールミドルは，家族の視点からも，学校という職場の視点からも，上下世代に挟まれた，いわば「ダブル・サンドイッチ世代」と位置づけることができる。「サンドイッチ世代」，しかもダブルと聞けば，両世代からの重圧にスクールミドルは気が滅入ってしまいそうになる。だが，別な見方をすれば，上下世代の真ん中に彼らがいるからこそ，上下世代の関係を取りもつことができ，各世代は互いに影響を及ぼし合いながら，それぞれの発達に貢献できる存在同士になることも可能である。これは，まさにジールとエルダー（Giele & Elder, 1998/2003）がいうところの「結び合わされる人生（linked lives）」の考え方である。こうした見方をすれば，スクールミドルの職能発達を考えるにも，彼ら個人のみに焦点をあてるのだけでは不十分で，むしろ同じ経験を共有している他世代との関係，さらには同世代の同僚や保護者などとの関係のなかで，彼らをみていくことも重要になってくる。

　さらに，ライフコース論のアプローチに立てば，社会的・歴史的文脈も考慮に入れなければならない。つまり，スクールミドルをとりまく社会環境，彼らが生きる時代や歴史的背景も，職能発達に影響を与えるものと考えられる。このように，社会的・歴史的文脈もふくめて，中年期というライフステージに立

第4章　スクールミドルの職能発達を考える視点と理論　　97

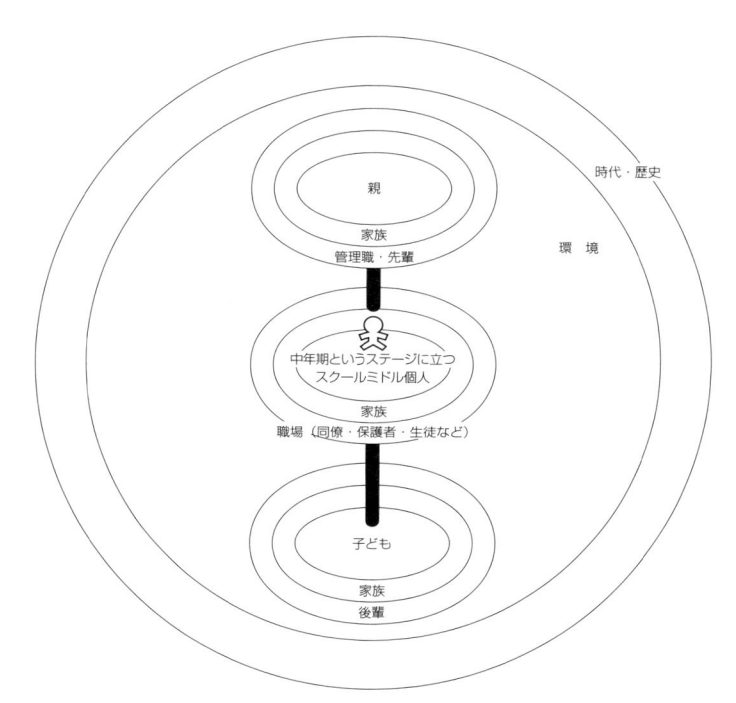

図 4.2　スクールミドルの職能発達を考える包括的な視点

つスクールミドルの職能発達を，縦と横の包括的な視点で考えていく必要があるだろう（図4.2）。

　最後に，ここまで中年期という時期を重視するあまり，「成熟と危機のアンビバレントな時期」や「危機的移行」といったように，この時期を危機として必要以上に煽りすぎていたら気をつけなければならない。たしかに，危機（クライシス）と聞くと，なにか破局的なイメージを抱いてしまう。だが本来，危機とは，ギリシア語のカイロスという言葉に由来し，「ヒポクラテスは病気が悪い方に向かうか，良い方に向かうかの分かれ目の時点をカイロスと呼んで」（山本，1990）いたとされる。

　このことを発達にひきつけて考えると，エリクソン（Erikson, E. H.）のいう

発達的危機とは,「成長・発達の方向と退行的・病理的方向への分かれ目・岐路」(岡本, 2005) のことをいう。その意味では, スクールミドルが, 中年期の入り口, つまり二重のトランジションで体験するさまざまな変化やジレンマは, 発達の分かれ目を示唆していたのである。たしかに, スクールミドルが中年の危機として, ストレスやうつ, バーンアウト (燃えつき症候群) など, メンタルヘルス上の問題に直面することが多いのも事実である。しかし, ここで彼らが自分のおかれている状況を認識し, しっかりと対応していけば, ピンチをさらなる成熟に向けたチャンスにかえることもできる。このようなポジティブな見方で, 中年の危機という発達の分かれ目にさしかかったスクールミドルの職能発達を考えていくことも大切であろう。　　　　　　　　　　　【熊谷 愼之輔】

引用・参考文献

秋田喜代美 (1999)「教師が発達する筋道―文化に埋め込まれた発達の物語―」藤岡完治・澤本和子編『授業で成長する教師』ぎょうせい

Bridges, W. (1980) *Transitions : making sense of life's changes*. Addison-Wesley Publishing Company. 倉光修・小林哲郎訳 (1994)『トランジション』創元社

藤崎宏子 (2008)「ミドル期からのライフコース展開と危機的移行」藤崎宏子・平岡公一・三輪建二編『ミドル期の危機と発達―人生の最終章までのウェルビーイング』金子書房

Giele, J. Z. & Elder, G. H. (Eds.) (1998) *Methods of life course research : Qualitative and quantitative approaches*. Sage Publications. 正岡寛司・藤見純子訳 (2003)『ライフコース研究の方法―質的ならびに量的アプローチ』明石書店

堀薫夫 (2010)『生涯発達と生涯学習』ミネルヴァ書房

今津孝次郎 (2008)『人生時間割の社会学』世界思想社

石川英志 (2007)「教師の自己省察と専門性開発を支援する課題探求型研修―教師の生涯発達からみた10年経験者研修における省察の重要性―」岐阜大学教育学部編『教師教育研究』第3号, pp.35-43

ユング, C. G. 鎌田輝男訳 (1979)「人生の転換期」『現代思想 (臨時増刊)』[総特集=ユング] 第7巻第5号, 青土社, pp.42-55

金井壽宏 (2002)『働くひとのためのキャリア・デザイン』PHP 研究所

河合隼雄 (1976)『母性社会日本の病理』中央公論社

小嶋秀夫・やまだようこ編 (2002)『生涯発達心理学』放送大学教育振興会

熊谷愼之輔 (2009)「成人学習論とスクールリーダーの職能発達」淵上克義・佐藤博志・北神正行・熊谷愼之輔編『スクールリーダーの原点―学校組織を活かす教師の力』金子書房

紅林伸幸（1999）「教師のライフサイクルにおける危機－中堅教師の憂鬱－」油布佐和子編『教師の現在・教職の未来－あすの教師像を模索する－』教育出版

Levinson, D. J.（1978）*The seasons of a man's life*. Alfred A. Knopf. 南博訳（1992）『ライフサイクルの心理学（上）（下）』講談社

西穣司（1987）「教師の職能発達論の意義と展望－英・米両国における近年の諸論を中心に」日本教育行政学会編『日本教育行政学会年報』第13号，教育開発研究所，pp.187-202

小島弘道・北神正行・水本徳明・平井貴美代・安藤知子（2008）『教師の条件［第3版］－授業と学校をつくる力』学文社

岡本祐子（1997）『中年からのアイデンティティ発達の心理学－成人期・老年期の心の発達と共に生きることの意味』ナカニシヤ出版

岡本祐子編（2002）『アイデンティティ生涯発達論の射程』ミネルヴァ書房

岡本祐子編（2005）『成人期の危機と心理臨床－壮年期に灯る危険信号とその援助－』ゆまに書房

大久保孝治・杉山圭子（2000）「サンドイッチ世代の困難」藤崎宏子編『親と子－交錯するライフコース』ミネルヴァ書房

Schaie, K. W. & Willis, S. L.（2002）*Adult development and aging, 5th ed*. Prentice Hall. 岡林秀樹訳（2006）『成人発達とエイジング〈第5版〉』ブレーン出版

Schein, E. H.（1978）*Career dynamics: Matching individual and organizational needs*. Addison-Wesley Publishing Company. 二村敏子・三善勝代訳（1991）『キャリア・ダイナミクス－キャリアとは，生涯を通しての人間の生き方・表現である』白桃書房

Super, D. E.（1980）A life-span, life-space approach to career development. *Journal of Vocational Behavior*, 13, pp.282-298

高井良健一（1994）「教職生活における中年期の危機－ライフヒストリー法を中心に－」『東京大学教育学部紀要』第34巻，pp.323-331

高井良健一（2006）「中年教師の危機とうつ」岡本祐子編『中年期の光と影－うつを生きる－』［現代のエスプリ］別冊，至文堂

徳田仁子（2002）「保護者に対する援助」一丸藤太郎・管野信夫編『学校教育相談』ミネルヴァ書房

渡辺三枝子編（2007）『新版　キャリアの心理学－キャリア支援への発達的アプローチ』ナカニシヤ出版

山本和郎（1990）「臨床心理学的地域援助」上里一郎・鑪幹八郎・前田重治編『心理療法2』（臨床心理学大系第8巻），金子書房

山本多喜司・S・ワップナー編（1992）『人生移行の発達心理学』北大路書房

山﨑準二（2002）『教師のライフコース研究』創風社

山﨑準二（2007）「教師としての力量形成－ライフコース研究の立場から」人間教育研究協議会編『教師という道　"教師バッシング"を乗り越えて』金子書房

第5章　スクールミドルの職能発達を促すキャリア・デザイン

第1節　キャリア・デザインの必要性

1　中年の危機とキャリア・デザイン

　河合隼雄（1993）によれば，「太陽が上昇から下降に向かうように，中年には転回点があるが」，人生後半からの"個性化"や"自己実現"という課題に取り組むことによって，「下降することによって上昇するという逆説を経験できる」という。ただし，そのためには，成熟に向けての「創造の病」にかかる可能性が高いと指摘している。たしかに，中年に「大きい転回を経験するためには，相当な危機を経なければならない」と河合がいうのもわかる。だが，たとえ「創造の病」であっても，できれば病にはかかりたくないものである。

　それに関連して，堀薫夫（2010）は「生涯発達最適化論」，すなわち教育による発達段階の構築を構想している。それは人間の発達の問題を，プロセスとしてではなく，介入作用（intervention）などによって，望ましい段階への方向づけとして考える立場である。この考えに立つものとしては，例えば，教育・学習による介入作用によって，定年退職後のソフト・ランディングをはかる退職準備教育があげられる。

　こうした，老年への過渡期における危機に対処する退職準備教育があるとすれば，中年の危機である「創造の病」にかからないための，教育・学習による介入作用もあってよいはずである。ただし，ここで気をつけなければならないのは，「発達が主体（教師）自身の問題であるのに対し，教育は教師を客体として別の主体が働きかける意味が強い」（西，1987）という点である。この点を考慮に入れるなら，教育・学習による介入よりも，発達の主体であるスクール

ミドル自身が中年，とくにその入り口のときに，キャリアの問題を考え，デザインしていくほうが効果的といえる。なお，キャリアの意味が，「仕事のみでなく，人生と深くかかわる人の生き方そのもの」（岡本，2003）と拡大されて用いられるにつれて，そのキャリアを自分自身でどのようにしていくのかという「キャリア・デザイン」の必要性も増している[1]。

このようにみると，スクールミドルの職能発達を促すには，中年期入り口の二重のトランジションという「危機的移行」をしっかりデザインすることが大切になってくる。そこで，スクールミドルの職能発達を促すキャリア・デザインについて考えていきたい。

2　キャリア・アンカーという拠り所

キャリア・デザインを行おうとすれば，まず自分自身がキャリアに対して，何を求めているのかを明らかにしていく必要がある。そこで参考になるのは，シャイン（Schein, 1990/2003）のキャリア・アンカーの考え方である。

キャリア・アンカーのアンカーとは，船の錨のことを意味する。船が錨のおかげでどこの港でも安定して停泊できるように，人にもキャリアという長い航路において「個人が拠り所にしているもの（錨）」がある。シャインは，それをキャリア・アンカーと名づけ，職業人にとって自らのキャリア・アンカーを理解することが，職能発達を促すのに役立つことを唱えた。

彼によると，キャリアに関わる三つの問いについて深く考えることが，自らのキャリア・アンカーを知ることにつながるという。金井壽宏（2002）はその問いを，自己イメージのチェックとして以下のように示している。

①自分は何が得意か。
②自分はいったい何をやりたいのか。
③どのようなことをやっている自分なら，意味を感じ，社会に役立っていると実感できるのか。

この「①能力・才能」「②動機・欲求」「③意味・価値」に関わる自己イメージの問いに答える，つまり自分の内なる声に耳を傾け，内省することによって，

自分のキャリアの基盤（アンカー）を明らかにすることができる。

　さらにシャインは，研究の結果，ほとんどの人が以下の8種類のキャリア・アンカー・カテゴリーのいずれかにあてはまることをつきとめている（Schein, 1990/2003，藤原，2007）。

---

①専門・職業別能力（technical／functional competence: TF）
　→専門性の追求をめざし，ある特定の業界・職種・分野にこだわる。
②経営管理能力（general managerial competence: GM）
　→総合的な管理職位をめざし，重責を担うことに価値を見いだす。
③自律・独立（autonomy／independence: AU）
　→制限や規則に縛られず，自律的に職務が進められることを重視する。
④保障・安定（security／stability: SE）
　→生活の保障・安定を第一とする。
⑤起業家的創造性（entrepreneurial creativity: EC）
　→新規に自らのアイデアで起業・創業することを望む。
⑥奉仕・社会貢献（service／dedication to a cause: SV）
　→仕事の上で人の役に立っている感覚を大切にする。
⑦純粋挑戦（pure challenge: CH）
　→誰もしたことがないことに取り組むことを求める。
⑧生活様式（lifestyle: LS）
　→仕事と生活とのバランスを保つことを重視する。

　これらのカテゴリーのうち，自分がどれにあてはまるかを探るため，シャインは，40の質問項目からなる「キャリア・アンカーズ　セルフ・アセスメント」（Schein, 2006/2009）を開発している。なお，キャリア・アンカーについて，彼は「教育や実際の仕事経験の積み重ねに基づいて形作られ，今現在のキャリアや人生における判断基準になるとともに，制約にもなる」（藤原，2007）と述べている。したがって，キャリア・アンカーは生得的なものではなく，35～45歳の中年期のキャリア再構築期においてアンカーが意識されるようになり，最終的にはいずれか一つに収斂するとされる（二村，2009）。

　そこで試しに，この質問項目による診断を，岡山大学の教職大学院で学ぶ現職教員学生にしてもらったところ，「奉仕・社会貢献」カテゴリーが最も多い

結果となった。このカテゴリーは，仕事の上で人の役に立っているという感覚を大切し，社会全体への貢献を求めるとされる。こうしてみると，このカテゴリーが教師において，最も多かったことも理解できるだろう。ただし，「職業に貴賎がないように，キャリアアンカーもどれがよくてどれが悪い」（田路・月岡，2008）というものではないことには，留意しなければならない。

第2節　スクールミドルのためのキャリア・デザイン

1　キャリア・デザインとしてのライフレヴュー

　自分の内なる声に耳を傾け，自らのキャリアを問い直すことでキャリア・アンカーを理解することができるのなら，自分の人生をふり返るという，ライフレヴュー（life review）の手法が役に立つだろう。人生の回想と訳されるライフレヴューは，一般には高齢者が自分の人生をふり返り，まとめていくことを意味するが，中年期の人々にも効果をあげるものと考えられる。それに関して，岡本祐子（2006）は，「自己の有限性の自覚と受容」という課題をかかえる「中年期のライフレヴュウでは，人生半ばの過渡期にあって，これまでの人生の欠落した部分や影になっていた自分を見直し，それを現実の自分のあり方・生き方の中に統合していくこと」が重要であると指摘している。

　ここまでをスクールミドルにひきつけて考えてみると，彼らが中年期入り口の「危機的移行」を乗りこえていくには，自らのキャリア・アンカーを問い直し，キャリア・デザインを行っていくことが求められる。そのキャリア・デザインの一環として注目されるのが，ライフレヴューなのである。さらに，教師の職能発達の点では，西穣司（2002）によると，その核心的事項として，教師自らのパーソナリティの成熟，とりわけ「自己理解の深化」の重要性があげられている。そうした教師の職能発達における「自己理解の深化」という意味でも，やはりライフレヴューが有効であると思われる。そこで，スクールミドルの職能発達を促すキャリア・デザインとしてのライフレヴューについて，もう少し考えてみよう。

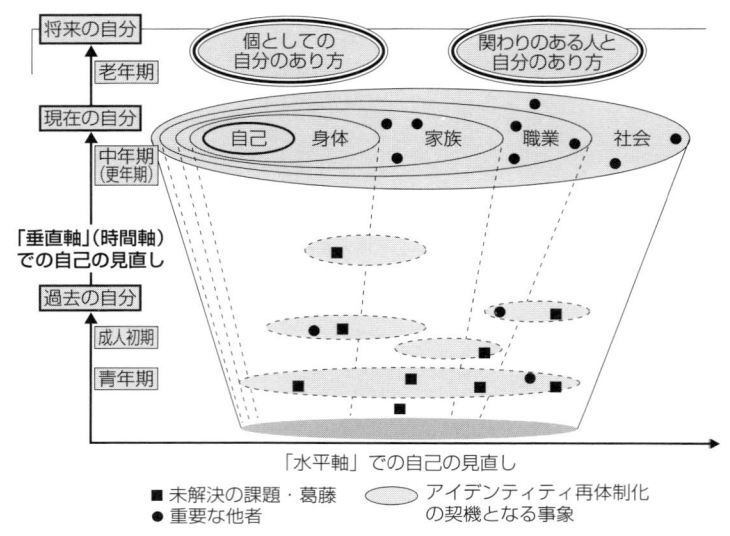

図 5.1 人生の転換期における「自己の見直し」の視点
出所：岡本（2006, p.246）

　過去をふり返るライフレヴューにおいては，ライフレヴューブックとも呼ばれる自分史を作成することが有効である（志村，2005）。その年表目盛りについては，一年ごとにでもいいし，過去の節目に沿って「〜時代」と区切ったものでもかまわないだろう（田路・月岡，2008）。ここでは教師を対象としているため，採用から現在までの印象に残った出来事を中心に書き出し，ふり返っていくことになる。その際，前章の図 4.2 でみたように，時間軸という縦軸だけでなく，現在の自分をとりまく，家族や職場，社会とのつながりといった横軸，つまり他者とのかかわりのなかでもふり返っていくことが望ましい。

　岡本も，中年期という人生の転換期における「自己の見直し」の視点を，図 5.1 のように縦軸と横軸で捉えている。彼女は，図のような視点をもとに，「自分のやってきたこと，達成してきたことはこれでよかったのかという『個としての自分』と，自分にとって大切な人々に対して自分のあり方はこれでよかったのかという『関係性の中での自分』の見直しが大きな意味を」もつと指摘し

ている（岡本，2006）。

　さらに，他者とのかかわりという点では，作成したライフレヴューブックをもとに，仕事経験を中心に，物語として他者に語ることも職能発達には効果的と考えられる。心理療法の一つとして「ナラティブ・セラピー」という手法があるように，ナラティブ，すなわち語ることで，癒され，よい方向に向かうことができる。物語として語る際，職能発達を促すという意味では，先ほどのキャリアに関わる三つの問いに答えていくかたちで，語っていくのもよい。そのほか，金井（2003）がよくいう「仕事で一皮むけた経験」を語るのも有効だろう。いずれにせよ，こうしたライフレヴューを通して，過去のキャリアをふり返り，その歩みを積極的に意味づけしていくことが肝要なのである。

2　キャリア・サバイバルの視点

　自分がどうしても譲りたくないキャリア・アンカーを理解することは重要であるが，それだけでは，キャリアをうまく歩んでいくことができないだろう。つまり，職務や周囲から自分に期待される役割にも注意し，現在の仕事状況をいかに乗り切るかも大切な課題となってくる。それが，シャイン（Schein, 1995/2003）が「キャリア・サバイバル」と呼ぶ，もう一つの考え方である。サバイバルと聞くと，その生き残るという意味から，すぐさま競争といったイメージを抱いてしまうが，むしろ金井（2003）がいうように，「外から自分に向かう声を変化の中で整理」し，「うまく仕事環境に溶け込み，適応できている状態」を「サバイバルできている姿」と捉えたほうがいいだろう。

　こうしてみると，キャリア・アンカーにもとづいて，自分らしく生きるためにも，周囲からの期待に応えて，役割を果たしていくキャリア・サバイバルの視点が求められる。したがって，キャリア・デザインを行っていくには，キャリア・アンカーとキャリア・サバイバルの両視点から考えていくことが必要といえるだろう。

　このことを教師の場合にあてはめて考えてみると，教師という同一の職業においても，人それぞれで重きをおくキャリア・アンカーは異なると考えられる

が，先述したように，彼らのキャリア・アンカーは「奉仕・社会貢献」カテゴリーが最も多かった。この結果については，これまで児童・生徒への教育実践を中心に仕事経験を積んできたスクールミドルの多くが，社会に貢献することに価値を見いだす，「奉仕・社会貢献」カテゴリーのアンカーを強く意識するようになるのも別に不思議なことではないだろう。ただ，長い時間をかけて形成されるキャリア・アンカーと違って，キャリア・サバイバルの視点でみれば，仕事における役割はダイナミックに変化していくのである。つまり，スクールミドルには，スクールリーダー（中核的中堅教員）として，クラスだけではなく，学年や学校全体のことを考える役割を担うことが要求されてくる。しかも，前章でみたように，管理職へとキャリアを上昇させるには教室から離れることを彼らに求めるのであった（高井良，1994）。

しかし，「奉仕・社会貢献」カテゴリーにあてはまる人々は，自分の価値観を仕事のなかで実現することに強い関心をもち，「価値を実現できる仕事の機会が奪われるのであれば，異動や昇進を辞退することもある」とされる（Schein, 2006/2009）。それゆえ，こうした特徴をもつ彼らのキャリア・アンカーが，中年期の入り口にスクールリーダーへの役割移行というキャリア・サバイバルによって強く揺さぶられるのである。もちろん，「奉仕・社会貢献」カテゴリーだけが，スクールミドルのキャリア・アンカーではない。だが，社会的・家族的責任が重くなる中年期の入り口に，彼らのキャリア・アンカーはどのカテゴリーでも，キャリア・サバイバルによって，多かれ少なかれ問い直しが迫られることになるだろう。

このように，キャリア・アンカーとキャリア・サバイバルの関連から考えても，スクールミドルにとって，中年期の入り口は問い直しが求められる「危機的移行」であり，彼らの多くはジレンマに苦しむことになるといえる。そして，危機だからこそ，それを乗りこえるには，スクールミドルの職能発達を促すキャリア・デザインが必要になってくる。

第3節　学校組織とスクールミドルをつなぐキャリア・デザイン・シート

1　キャリア・デザイン・シートの開発

　そこで，肝心のキャリア・デザインであるが，発達の主体がスクールミドル自身ということを考えると，彼ら自身がキャリアをふり返り，書き込めるかたちのシートが有効であろう。その点では，岡山大学大学院教育学研究科（教育組織マネジメント専攻）で学んだ白髭克浩の修士論文が有益な示唆を与えてくれる（白髭, 2009）。公立高校の現職教員である彼は，教師がキャリアをデザインするといっても，教師自身が勤務校を選べるわけでもないし，分掌や昇進も決まったことを受け入れるのがほとんどであるため，そもそも教師自らがキャリアをデザインするという発想に至らなかったのではないかと指摘する。

　しかし，生涯学習の観点から，教師が受け身の意識から自己を変え，教師としてのアイデンティティをもって今を生きぬくためにも，キャリア・デザインが必要であるという問題意識をもち，彼は「中年期を迎えた公立高校教員のキャリアデザインに関する研究」に取り組んだ。その研究成果として注目されるのが，教師の職能発達を促すキャリア・デザイン・シート，すなわち「キャリア全体シート」と「キャリア中年期シート」である。

　その「キャリア全体シート」を示したのが，表5.1である。表をみると，採用から退職までの教師としてのキャリア全体が俯瞰できるように，一覧表，すなわち教職のライフレヴューブックになっている。スクールミドルが用いる場合には，「これまで」の教職生活をキャリア・アンカーの視点から，キャリアに関わる三つの問いを中心にライフレヴューし，キャリア・サバイバルの視点で，中年期を迎えた教師として自分に求められるものをみつめ，「いま」の自分を問い直すことができる。さらに，年齢という縦軸だけでなく，職場である「学校生活」，家族との「家庭生活」，「人との出会い」といった，スクールミドルをとりまく横の視点からもふり返り，自分自身を見つめることができるように工夫されている。

表5.1 キャリア全体シート

公私の別	項目期間	年齢	勤務校・役職	指導教科・科目	主な出来事・教育活動	キャリアサバイバル 求められたもの：その成果	研究著作 気づいたこと	人との合い 生徒・教員 他	キャリアアンカー 教員としての拠り所
	新採研	1							
		2							
成人前期	5年研	5							
		6							
		7							
	10年研	10							
		11							
		12							
過渡期		15							
		16							
		17							
		18							
		19							
		20							
		21							
		22							
中年期		23							
		24							
		25							
		26							
		27							
		28							
		60							

			家庭生活 予想されるライフイベント
		60	

出所：白鬚（2009, p.56）

2　キャリア中年期シートの作成手順と留意点

　「これまで」をふり返り，「いま」を見つめ直すことだけでは，キャリアをデザインしたとはいえないだろう。つまり，キャリア・アンカーとキャリア・サバイバルの両視点をふまえ，「これから」を考えてこそ，キャリア・デザインといえる。そこで開発されたのが，スクールミドルのための「キャリア中年期シート」である（表5.2）。スクールミドルとしては，まず「キャリア全体シート」を作成したうえで，この「キャリア中年期シート」にとりかかってもらいたい。なお，このシートには，「5年用」と「10年用」の二つがあるが，変化の激しい現代社会において，10年分の計画を立てていくのはさすがに難しいだろう。そのため，ここでは「5年用」を紹介することにしたい。

　この「キャリア中年期シート」の特長は，中年期の入り口がスクールミドルにとって「危機的移行」であるからこそ，バックワード・マッピング（backward mapping）の手法をとりいれ，好ましい未来に向けてキャリアを積極的にデザインしていく点にある。バックワード・マッピングを活用した学校変革プラン作成の重要性を唱える佐藤博志（2007，2009）によると，「学校の未来図（好ましい未来）」から時間軸を後戻りして（backward），未来図に到達するための「基本計画」を作成する（mapping）ことを，バックワード・マッピングと位置づけている。

　この手法にしたがって，表5.2の「キャリア中年期シート」でも，「学校の未来図（好ましい未来）」を考えることから，キャリア・デザインを始めることになっている。発達の主体は教師個人なのに，なぜ学校の未来図を描くことから始めなければならないのかと思われるかもしれない。だが，教師も学校という組織のなかで生きている組織人の一人である。そのため，自らが勤務する学校の未来図，しかも好ましい未来を考えることは，学校，ひいては教師個人にとっても必要なことだろう。このように，教師，とりわけスクールミドルのためのキャリア・デザインを行う場合でも，学校という組織の問題から入ることで，学校組織の発展と教師個人の職能発達をつなげて考えることができる。そのため，この「学校の未来図（望ましい未来）」については，校長などのリーダ

表 5.2 キャリア中年期シート（5年用）

学校生活			家庭生活
キャリアアンカー	学校の未来図	キャリアサバイバル	未来予想
・なにが得意か ・なにをやりたいのか ・なにをやっている自分なら意味を感じるのか	・基本理念 ・子ども像 ・教師像		
目指す教員像			作りたい家庭像

		キャリアデザイン（これからの5年）			ライフデザイン
	いつ	なにを	どのように	どうなれば	予想されるライフイベント
成人前期	39歳 1年目				39歳
過渡期	40歳 2年目				40歳
	41歳 3年目				41歳
	42歳 4年目				42歳
	43歳 5年目				43歳

出所：白髭（2009, p.61）をもとに筆者が修正を加えて作成した。

ーシップのもと，その学校に勤務する教師同士で語り合い，学校組織全体で考えていくことが望ましい。

　このシートは5年用なので，5年先の「学校の未来図（望ましい未来）」を描くことになるが，その際には，「基本理念」「子ども像」「教師像」という三つの観点から考えるといいだろう（佐藤, 2009）。なお，この「教師像」とは，望ましい学校の未来図において求められる全体の教師像をさすため，ここまでは，ぜひ学校組織全体で導きだしてほしい。

　次からは，いよいよスクールミドル自身が「目指すべき教師像」を設定していかなければならない。そのためには，「キャリア全体シート」をもとに，スクールミドルが自身のキャリア・アンカーを理解するとともに，周囲からのキャリア・サバイバルの視点，つまりスクールミドルとして求められる職務上の役割をうまくつかんでおくことが大切である。これらをふまえて，スクールミドル自身の「目指すべき教師像」を設定していくのである。

　「目指すべき教師像」が定まれば，それに向けて，「いつ」「なにを」「どのように」という具体的な計画を考えていく。そして計画を立てたら，実際にアクションを起こしていくことが大事であるが，前もって「どうなれば達成できたといえるのか」という評価の視点も入れておくことが重要である。また，具体的な計画を立てる際には，家庭生活の影響も看過できない。そこで，家庭生活において予想されるライフ・イベントなどについても，見通しをもって備えておくことが必要であろう。

　ただし，表にみられるように，一年ごとに具体的な計画を立てていくことは少し難しいかもしれない。その場合，一年ごとの枠をとりはらい，5年間というスパンで計画を考えてみるのもいいだろう。また，表では目安として，レヴィンソンのいう「人生半ばの過渡期」に入る前年からの5年間を記入しておいたが，ひとくちに中年期の入り口といっても，個人差があるため，ここは各自で年齢を記入しなおして対応してほしい。

　それに関連して，本章ではスクールミドルに焦点をあてて，中年期の入り口を彼らにとっての「危機的移行」と捉えているため，「キャリア中年期シート」

を重視してきた。しかし，教職という長いキャリアにおいて，節目は必ずしも暦どおりの年齢でやってくるとは限らない。金井（2003）は，「望んでいる異動だと思っていたのになにか空しい，自分らしく生きていない気がする，なにかを犠牲にしているという気持ちがする，周りのプレッシャーにやられているような気がする」などの違和感を感じたら，それが節目のシグナルだと主張している。そんな違和感を感じたときには，年齢にこだわらず，「キャリア全体シート」と「キャリア中年期シート」を活用して，節目をしっかりデザインしていくことが大切であろう。

　最後に，これまで教師の職能発達というと，どうしても発達の主体である教師個人に目を向けがちであった。そのことは大事にしなければならないが，本書のタイトルが『学校づくりとスクールミドル』であるように，双方のつながりを考えていくことも必要である。その点，「キャリア中年期シート」では，スクールミドル個人の職能発達を促すキャリア・デザインを考えるにあたって，学校全体の問題とも関わっていることを意識することができ，学校組織と教師個人をつなげて捉えることもできる。しかし，つなげるだけではなく，学校づくりとスクールミドルの職能発達が連動し，双方が高めあうことのほうが肝要といえる。そこで，スクールミドルの職能発達を支援することによって，学校という組織全体も高めていけるような仕組みについて，次章では探っていくことにしよう。　　　　　　　　　　　　　　　　　　　【熊谷　愼之輔】

注
（1）　近年は，勤続年齢に応じて管理職になっていくだけでなく，ティーチングの専門家として力量を深めていくというキャリアの選択ができる制度も導入されつつある（金川，2011）。これは，従来の新任教師→中堅教師→管理職という単線で年功序列的なキャリアの考えから，キャリアを自己選択・決定していくという考え方への転換である。その意味でも，教師，とりわけスクールミドルのキャリア・デザインの必要性が増している。

引用・参考文献
藤原美智子（2007）「エドガー・シャイン：組織内キャリア発達」渡辺三枝子編『新版　キャリアの心理学―キャリア支援への発達的アプローチ』ナカニシヤ出版

堀薫夫（2010）『生涯発達と生涯学習』ミネルヴァ書房
金井壽宏（2002）『働くひとのためのキャリア・デザイン』PHP 研究所
金井壽宏（2003）『キャリア・デザイン・ガイド―自分のキャリアをうまく振り返り展望するために―』白桃書房
金川舞貴子（2011）「学習する教師」曽余田浩史・岡東壽隆編『補訂版　新・ティーチング・プロフェッション―教師を目指す人のための教職入門―』明治図書出版
河合隼雄（1993）『中年クライシス』朝日新聞社
二村英幸（2009）『個と組織を生かすキャリア発達の心理学　自律支援の人材マネジメント論』金子書房
西穣司（1987）「教師の職能発達論の意義と展望―英・米両国における近年の諸論を中心に」日本教育行政学会編『日本教育行政学会年報』第 13 号，教育開発研究所，pp.187-202
西穣司（2002）「教師の力量形成と研修体制」日本教師教育学会編『教師として生きる―教師の力量形成とその支援を考える』[講座　教師教育学　第Ⅲ巻] 学文社
岡本祐子（2003）「ミドルの『危機』―納得できる働き方への転換」金井壽宏編『会社と個人を元気にするキャリア・カウンセリング』日本経済新聞社
岡本祐子編（2006）『中年期の光と影―うつを生きる―』[現代のエスプリ] 別冊，至文堂
佐藤博志編（2007）『オーストラリア教育改革に学ぶ―学校変革プランの方法と実際―』学文社
佐藤博志（2009）「スクールリーダーと学校改革」淵上克義・佐藤博志・北神正行・熊谷愼之輔編『スクールリーダーの原点―学校組織を活かす教師の力』金子書房
Schein, E. H. (1978) *Career dynamics: Matching individual and organizational needs.* Addison-Wesley Publishing Company. 二村敏子・三善勝代訳（1991）『キャリア・ダイナミクス―キャリアとは，生涯を通しての人間の生き方・表現である』白桃書房
Schein, E. H. (1990) *Career anchors: Discovering your real values, Revised edition.* Jossey-Bass/Pfeiffer. 金井壽宏訳（2003）『キャリア・アンカー―自分のほんとうの価値を発見しよう―』白桃書房
Schein, E. H. (1995) *Career survival: Strategic job and role planning.* Pfeiffer & Company. 金井壽宏訳（2003）『キャリア・サバイバル―職務と役割の戦略的プラニング―』白桃書房
Schein, E. H. (2006) *Career anchors self-assessment, Third edition.* Pfeiffer & Company. 金井壽宏・高橋潔訳（2009）『キャリア・アンカー―セルフ・アセスメント―』白桃書房
志村ゆず編（2005）『ライフレヴューブック　高齢者の語りの本づくり』弘文堂
白髭克浩（2009）『中年期を迎えた公立高校教員のキャリアデザインに関する研究―大量退職期に備えた教育資源の環流を目指して―』岡山大学大学院教育学研究科教育組織マネジメント専攻，修士論文
高井良健一（1994）「教職生活における中年期の危機―ライフヒストリー法を中心に―」『東京大学教育学部紀要』第 34 巻，pp.323-331
田路則子・月岡亮（2008），ライトワークス監修『キャリアデザイン』ファーストプレス

第6章　スクールミドルの職能発達を支援する仕組み

第1節　「世代継承」のサイクル

1　「世代性」の概念

　スクールミドルの職能発達を支援することによって，学校という組織全体も高めていけるような仕組みづくりの鍵は，エリクソン（Erikson, E. H.）によって提起された「世代性（generativity：ジェネラティヴィティ）」の概念が握っているように思われる。

　エリクソン（Erikson, 1950/1977・1980）の生涯発達理論，なかでも図6.1に示された精神分析的個体発達分化の図式（epigenetic schema）は，わが国でもなじみの深いものになっている。彼はこの図にみられるように，人生を8つの発達段階に分けて，それぞれの段階に固有の心理・社会的危機が存在すると捉えている。それによると，中年期には，「世代性」と「自己陶酔（停滞性）」の対立，すなわち「世代性」という心理・社会的課題と，それを妨げる負の力である「自己陶酔（停滞性）」との葛藤が示されている。ここでの課題を達成し，葛藤を乗りこえることで，「世話（care：ケア）」という人間的な強み（徳）が得られる。このようにして，われわれはそれぞれの発達段階における危機を克服し続けることで，成長していくのである。

　中年期の心理・社会的課題として注目される「世代性」とは，エリクソンによる造語であり，「子どもをはぐくみ育てること，後進を導くこと，創造的な仕事をすることなど，次世代への関心や養育，社会への貢献を意味し，成人としての成熟性を示す」とされる（岡本, 2005）。そのため，「世代性」という課題をクリアするには，子育てや後進の育成など若い世代の面倒をみることが，

		1	2	3	4	5	6	7	8
Ⅷ	老年期								統合性 対 絶望
Ⅶ	中年期							世代性 対 自己陶酔	
Ⅵ	成人初期						親密性 対 孤立		
Ⅴ	思春期 青年期					アイデンティティ 対 アイデンティティ 拡散			
Ⅳ	学童期				勤勉性 対 劣等感				
Ⅲ	幼児期			自発性 対 罪悪感					
Ⅱ	幼児初期		自律性 対 恥・疑惑						
Ⅰ	乳児期	信頼感 対 不信感							

図 6.1　個体発達分化の図式

出所：Erikson（1950）をもとに作成した岡本（2005, p.12）

実は自分の発達にも有意義であることを心から感じる必要がある。つまり，この中年期において「大事なことは，単に子供を生む，ものをつくる，ということではなく，生んだものを世話し育てるという点」であり，われわれは「次の世代とかかわることによって，成人としての自己が活性化される」のである（鑪，2002）。

　このことをスクールミドルの職能発達にひきつけて考えれば，彼らが後輩である若手教師を育成していくことは「世代性」の課題に取り組んでいるといえ

る。それに関わって，例えば石川県の「熟練教師に学ぶ授業力向上事業」（島田，2007）や静岡市の「10年研におけるマイスター講座」のような取り組みもみられるようになってきた。これらの取り組みは，来るべき教師の大量退職時代に備え，すぐれた教育資源を若手教師に継承し，彼らの授業力向上を図ることを目的とする点では概ね一致している。しかし，「世代性」の観点からみると，これらの取り組みは，むしろスクールミドルの職能発達にとって必要と考えることができるだろう。

　もう少しいうと，教師は教室で子どもという後進の育成を行うことで，「世代性」の課題をクリアしてきたのかもしれない。だが，スクールミドルが年齢や職階の上昇とともに，子どもたちに直接指導する機会が少なくなっていくとしたら，そのぶん，彼らの「世代性」を満たし，職能発達を促す意味でも有意義な手立てを講じていく必要がでてくる。

2　スクールミドルを軸とした「世代継承」のサイクル

　その点では，スクールミドルが職能発達を促すために作成した「キャリア・デザイン・シート」をもとに，今度は校内研修等の場で，彼らのキャリアを物語として語ることが有効であろう。このシートをもとにして教師同士が語り合い，ふり返るという意味からすると，語りというより，「教育的バイオグラフィ（educational biography）といったほうがいいだろう。教育的バイオグラフィとは，「学習者として，あるいは仕事に関連して自分自身の伝記（biography）を書き，伝記についてほかの人と討論する」（Cranton, 1992/1999）ことをいう。すなわち，この場での討論はスクールミドルの「世代性」を満たすだけでなく，若手教師にとっても示唆に富んだものになるだろう。

　さらに，この場には職階を問わず，より年長の熟練教師，もちろん退職がみえてきた教師にも参加を願いたい。すでに中年の危機を乗りこえた彼らの経験は，中年期を迎えたスクールミドルにとって大いに参考になるからである。このことは，熟練教師の「世代性」を満たすことになるだけでなく，彼ら自身の職能発達にもつながると考えられる。すなわち，彼らは「人生半ばの過渡期」

という峠を越えたかもしれないが，レヴィンソンが指摘するように次には「老年への過渡期」という峠が待ちかまえている。この危機を前にして，この場での教師同士の語り合いは，彼らの教職生活をふり返り，自分自身を見つめ直すよい機会になると思われる。ただし，ここは指導の場ではない。同僚教師との成人学習の場であるため，自分の経験に固執し，それを居丈高に年少の教師に押しつけるような振る舞いは禁物である。

このように，スクールミドルの「キャリア・デザイン・シート」をもとに，教育的バイオグラフィの手法を用いれば，彼らを軸にして学校内の教師を「世代性」の視点からつなげていく，いいかえれば「世代継承」のサイクルを循環させることができる（図6.2）。さらに，「世代継承」のサイクルでは，教師同士が歯車のようにかみ合って「育てる―育てられる」関係となり，スクールミドル個人の発達だけではなく，教師集団の発達，さらには学校組織全体の発展につながっていくことも可能になってくる。

この「世代継承」のサイクルこそ，エリクソンのライフサイクル論の独自性といえる。つまり，ライフサイクルには西平直（1993）がいうように，誕生から死までの個人の生涯がもつ「自己完結性」だけでなく，「前の世代によって生み出され，そして今度は次の世代を生み育ててゆく」という「世代継承性」の意味が含まれているのである。ちなみに，この「世代継承性」や「世代性」という考えがライフサイクルに含まれている点が，ライフスパンやライフコースとの違いであるとされる（杉村，1995）。

このように，ライフサイクルのもつ「世代継承」に着目するなら，スクールミドルの職能発達も，より年長の熟練教師と若手教師との関係性のなかで捉えていく必要がある（今津，1996）。だからといって，関係性の視点だけを強調し，個人の発達の視点をおろそかにしてもいけないだろう。つまり，「一方で，個人の発達を見ながら，他方では，その発達を世代関係のなかで見る」（西平，1993）ことが肝要なのである。

それに関連して，岡本祐子は「かかわりの中での発達」の重要性を指摘している。つまり，成人の発達や成熟には，個としての「自立や達成」と同時に，

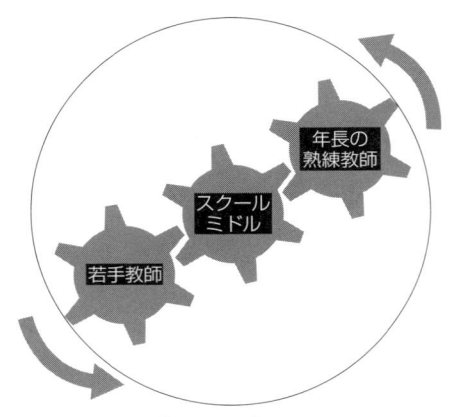

図6.2 「世代継承」のサイクル

他者の存在や生活，成長を支えるための「ケア」する力が求められるのである。さらに，この「自立や達成」と「ケア」の両者のレベルの高さとバランスが，成人の発達や成熟にとって非常に重要な意味をもつという（岡本，2003）。

このような考え方に従うと，スクールミドルの「個としての発達」と「かかわりの中で発達」は等しく重みをもっており，両者が統合された状態が成熟したスクールミドルととらえることができる。そして，成熟したスクールミドルが学校内で増えていけば，「世代継承」のサイクルもうまく循環していくことができるだろう。

第2節　授業研究を中心とした「実践と省察」のサイクル

1　省察的実践者としての教師

ただし，「世代継承」のサイクルを循環させる原動力として，スクールミドルの「キャリア・デザイン・シート」をもとにした教師同士の話し合いやふり返りだけでは，少し物足りないだろう。

教師の仕事の中核は，なんといっても授業である。彼らは授業を中心とした

教育実践を行い，その実践を省察（reflection）し，次の実践にその省察をいかしていくといった「実践と省察」のサイクルを通して，日々成長していくと考えられる。とすれば，「実践と省察」のサイクルも，「世代継承」のサイクルをまわすうえで大きな力となるに違いない。

　ところで思考形態の一つである省察は，反省，内省，ふり返り，あるいはカタカナ表記でリフレクションと呼ばれ，教師教育のキーワードとなっている。ショーン（Schön, 1983/2007）によると，教師を含めた専門家たちの省察には二種類があるという。一つは，自らの実践について立ち止まってふり返る，すなわち「行為についての省察（reflection-on-action）」である。もう一つは，行為のなかで直面する問題について即興的に解決するような「行為の中の省察（reflection-in-action）」である。もちろん，実践のあとでの「行為についての省察」も大切であるが，実際の教師たちは，授業のなかで状況と対話しながら瞬時に思考し行動するような「行為の中の省察」を行っている。例えば，授業中の子どもの発言を一瞬のうちに捉えると同時に，即座に反応し，言葉がけなどの働きかけを教師の多くは日常のなかでやってのけている（鹿毛，2004）。つまり彼らは，授業のなかで，実践行為と思考とが切り離せないような，「実践と省察」のミニサイクルを瞬時にまわし，状況に対応しているのである。しかも，このような専門家としての技（art）ともいえる「行為の中の省察」は，暗黙知という言葉によって説明しにくい知によって支えられているという。

　ショーンは，こうした暗黙知にもとづく「行為の中の省察」を重視する立場から，複雑で不確実な状況に対して省察しながら柔軟に対応していく専門家像として「省察的実践者（reflective practitioner）」を描きだした。これは従来の専門家養成で支配的なモデル，つまり専門知識や科学的な理論・技術を実践に適応・応用しようとする技術的合理性にもとづく「技術的熟達者（technical expert）」からの転換を意味するものである。学校という複雑で不確実な現場に身をおき，授業のなかで即興的な思考と振る舞いを行う教師も，省察的実践者として捉えていく必要がある。

　ただ，「行為の中の省察」が，専門家たちの暗黙知や，無意識のうちに身に

つけている技に支えられているため、瞬時の「実践と省察」のミニサイクルは目に見えにくく、秘技や名人芸のように個人のなかにとどまりがちである。そのため、ショーンも、暗黙知や技にもとづく「行為の中の省察」のプロセスをはっきり言葉に出していく学びが必要になると指摘している（三輪，2009）。さらに、古川（1991）は「個人が学習したものは、その個人一代で途絶えてしまい、他者に伝承されることはないが、組織が学習したものは、組織内部に流布し、それを媒介にして将来の成員にも伝えられていく」といっている。

　このようにみると、教師個人が身につけた暗黙知にもとづく「行為の中の省察」を意識化させ、言葉にすることで組織の学習にまで高め、教師集団による大きな「実践と省察」のサイクルを学校内で循環させていくことが必要となってくる。そこで、学校のなかに教師同士で「学習する組織」をつくる授業研究に注目したい。

2　授業研究のプロセス

　授業研究とは、「教師たちが勤務校で授業を参観した後に、その授業について共同で検討・省察しあいながら、授業の改善や専門的な力量形成を行う集団的・組織的な活動」（織田，2009）のことである。秋田（2006，2008）は、授業研究を「実践知の協働構築過程」として捉え、そこから教師が獲得する専門的知識を図 6.3 のように示している。以下、彼女の考えにしたがって、そのプロセスをみていこう。

　まず、①「授業デザイン」では、指導案の検討会を通して、子どもの実態に応じた教材内容の知識を得ることができる。とくに、学校のなかに新任教師が多い場合には、「教材として何をいかに取り上げるかを議論しなければ、授業の技法議論だけでは価値ある学習内容をデザインできない」とされる（秋田，2008）。そして、②「授業実施」で研究授業として、同僚の教師に授業を実際に見てもらう、見せてもらうことによって、身体化された暗黙知の共有が可能になる。教師同士で場を共有することによって、授業を行う教師のリズムや息づかいを感じとることができる。次に、③「授業についての対話」の段階にお

第6章　スクールミドルの職能発達を支援する仕組み　　121

教師の職能発達と学校全体の発展

省察　　　　　　　　　　　　　　　　　　実践

授業を想定した教材知識
⇕
授業デザイン
design

授業実践の記録　　ビジョン　　授業実施
document　　　　　　　　　　do

学びの軌跡や物語　⇔　　　　　　　　　⇔　身体化された暗黙の知識

授業についての対話
dialogue
⇕
生徒の学習過程についての知識

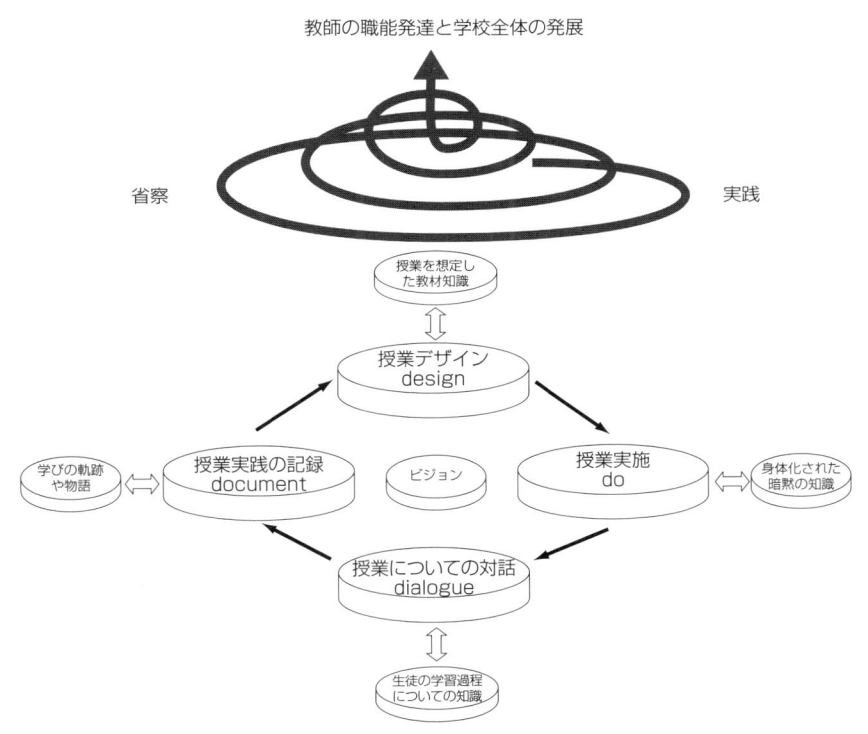

図6.3　授業研究のプロセスを通した教師の専門知識の獲得と「実践と省察」のサイクル
出所：秋田（2006, p.204 と 2008, p.118）をもとに改訂を加えて作成した。

いて，授業をふり返るなかで，「授業における生徒の学習過程を捉え言語化することで，現実の授業の現象をいかに捉え語るかという，実践の表象を共同構成することができる」という（秋田，2008）。さらに，④「授業実践の記録」では，自らの実践や生徒の学習過程を単元や年間を通して記録し，他者にも実践記録を読みあってもらうことによって，一時間の授業だけでは得られない，長い目で見た子どもの発達や学習の物語の形成が可能になる。また，子どもたちの学びの軌跡や物語を考えることで，学習や授業の原理を引き出すこともできるだろう。

このようなプロセスを年間にわたり，同僚教師との協働によって経験することで，教師は専門的な知識を総合的に獲得することができると考えられる。さらに，このプロセスは，「授業を想定した教材知識」や「身体化された暗黙の知識」といった暗黙知を，「生徒の学習過程についての知識」や「学びの軌跡や物語」といった言葉で語ることができる形式知に転換させ，教師同士でその共有化が図られるだけでなく，このプロセスを繰り返すことで，暗黙知と形式知が相互に作用し，学校という組織のなかで新たな知を創造していくことも可能になる（織田，2009，野中・勝見，2004）。こうしてみると，このプロセスを学校のビジョンのもとに長期的な視点でサイクルとして循環させることによって，教師集団による大きな「実践と省察」のサイクルを螺旋状に上昇，活性化させることができ，教師の職能発達，ひいては学校全体の発展に資することもできるだろう（図6.3）。

　だが，いいことずくめでもない。秋田らの調査研究によると，中堅以上の教師，とりわけ中学校の教師が，研究授業を実施する回数が少なく，研修への満足度もほかに比べて低いという傾向がみられたのである（秋田，2006）。つまり，肝心のスクールミドルが，授業研究のプロセスを循環させるうえで，むしろ足を引っ張るかたちとなっていることがうかがえる。こうしたことは，授業研究は若手教師のために行うものであるという意識が，彼らに根強く存在するためではないかと思われる。

　しかし，「世代性」の観点からみれば，授業研究は若手教師のためだけにあるのではなく，スクールミドルが若手を育成することで，自身の「世代性」を満たすことができ，むしろ自分の職能発達にとって有意義な場であるという認識に改めていく必要がある。そうした意味でも，授業研究のプロセスにおける「授業についての対話」の段階，つまり授業検討会等で，スクールミドルが今まで身につけてきた暗黙知を意識的に言葉に出していくことで，彼らのもつ「行為の中の省察」の構造を同僚教師とともに分析し，共有しあうことが求められる。

第3節 「学校と学校外」のサイクル

1 実践コミュニティの形成

　授業研究のプロセスにおける「授業実践の記録」をもとに，松木（2004）は学校のなかに「実践コミュニティ（community of practice）」を形成していくことを唱えている。ウェンガー（Wenger, 2002）によると，実践コミュニティとは，「あるテーマに関する関心や問題，熱意などを共有し，その分野の知識や技能を，持続的な相互交流を通じて深めていく人々の集団」と定義づけられている。

　松木（2004）は，こうした実践コミュニティ，とりわけ図6.4にみられるように，3層構造をもつものを学校内に創り出そうとしている。彼によれば，そこに3層間のコミュニケーションが準備されることによって，多様な視点と，実践の深みや拡がりを生み出すことができるという。具体的には，第1層では学習の軌跡や物語を，熟練と若手が日々語り合うコミュニケーション，第2層では，年1～2回の校内研修で，すでに書かれた物語を吟味する，つまり優れた実践の物語（文化的蓄積）とのコミュニケーション，そして第3層では研究者や保護者などの部外者とのコミュニケーションの三つである。こうした多様な探究コミュニケーションが存在してこそ，実践コミュニティが形成される。

　なかでも，学校が開催する公開研究会や研究紀要の発行に代表される，第3層に注目してほしい。ここでは校内の教師にとどまらず，より多くの人が参加でき，多様で異質な目からの反応が期待できる。それに関連して，ウェンガーも「内部と外部のそれぞれの視点を取り入れる」ことが，実践コミュニティを育成するうえで重要であるといっている。つまり，学校内に部外者の視点を取り入れることで，学校内外の連携を強化し，「学校と学校外」のサイクルを循環させることによって，授業研究を中心とした「実践と省察」のサイクルも活性化できると考えられる。ただ，そのためには内部の視点での検討も必要になってくる。というのも，第1層や第2層が十分に機能していないのに，第3層を動かそうとすれば，それは教師にとって負担でしかないからである。松木

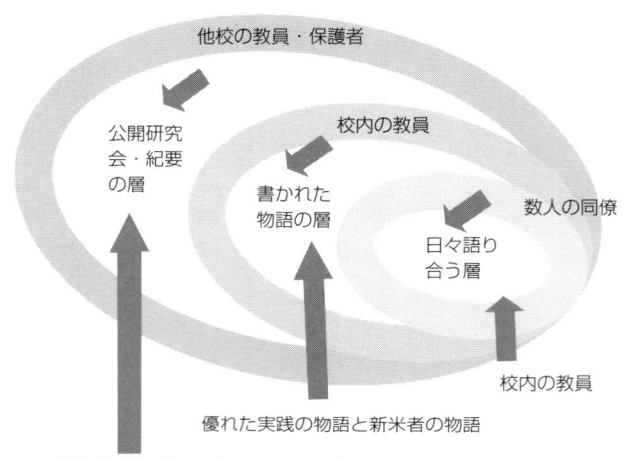

図 6.4 学校における実践コミュニティの形成
出所:松木(2004, p.243)

(2004) が「その時間のパフォーマンスに力点のおかれる公開授業,書いた教師しか読まない研究紀要は巷にあふれている」というのもわかるだろう。

 第1層と第2層を機能させ,第3層につなげていくためには,実践コミュニティ内で支援的な役割を担うコーディネーターが鍵を握っていると思われる。ウェンガー(2002)も,コーディネーターを「さまざまな関係を維持し,実践を開発することができるように手助けする人」と位置づけ,その重要性を強調している。学校内でこうした役割を果たす人は誰かと見わたせば,やはりスクールミドルをおいてほかにはいないだろう。もちろん,スクールミドル一人にその役割を押しつけるわけではない。スクールミドルを中心に,同僚教師と協働しながら,こうした役割を果たしていくことが期待されるだろう。

2 教師の「意識変容の学び」と「省察的な機構」としての大学

 「学校と学校外」のサイクルは,教師自身が実践を立ち止まって省察し,彼らの意識変容を促す意味でも有効であろう。というのも,不確実で混沌として

いる学校現場に身をおき，次々と起こる問題に対処し，「実践と省察」を繰り返していると，全体の方向感覚を見失い，「問題の場当たり的な解決者」に堕してしまうおそれがあるからだ（中原・金井，2009）。

それに関連して，ノールズ（Knowles, 1980/2002）は，成人の学習者にとって，経験は決してプラスにのみ作用するのではなく，かえってマイナスの面を引き起こすことがあると指摘している。つまり，自らの経験に固執した成人は固定的な思考のパターンや独りよがりな学習に陥り，新たなことに心を開かない場合も多々ある。そのため，大人の学びは，「形を作っていく（forming）」ことを重視する子どもの学びとは違って，「形を変えていく＝変容していく（transforming）」ことに重点をおくことが必要といわれている（Cranton, 1992/1999）。つまり大人には，これまでに学んだ知識や習慣を「アンラーン（unlearn）」，鶴見（1990）の訳に従えば「学びほぐす」ことが求められる。

このようにみると，スクールミドルの場合においても，これまで培ってきた経験や教職観を問い直していくような，「意識変容の学び（transformative learning）」が肝要といえる（熊谷，2009）。実際，長年培ってきた経験や教職観にもとづく彼らの前提は，意識の奥底にしみ込んでおり，変容どころか，自分からはその存在に気づくことも難しいだろう。したがって，この見過ごされやすい隠れた前提，さらにはその歪みに彼らが気づき，批判的にふり返っていくためには，日々の教職生活の場である学校だけでなく，学校以外の学習機会が大きな意味をもつと考えられる。ただ，そうした学校外の学びの質にも注意を払わなければならない。例えば，アージリスら（Argyris, 1977/2007）がいう「ダブル・ループの学習（double loop learning）」の考えをとり入れ，教師自身の認識枠組みや視点の適切性を省察し，質的な自己変容をともなうような学習機会は効果的であろう。こうしてみると，学校内の授業研究を中心とした「行為の中の省察」も重要であるが，学校という現場から一歩引いて，教育実践や自らをふり返る「行為についての省察」も必要であることがわかる。すなわち，教師の意識変容の学びや省察という点からも，「学校と学校外」のサイクルを循環させることが求められる。

さらに，変容が求められるのは，教師だけではないだろう。ショーンの省察的実践の考えに従えば，大学側に「省察的実践に親和的な機構」，つまり教師の省察的実践を支える機構になることを求めている（Schön, 1983/2007）。すなわち，専門家を養成する大学が，技術的熟達モデルにもとづく旧来のあり方のままではなにも変わらないのである。そのため，教師という専門職と大学の研究者がともに省察しあえる「省察的な機構（reflective institution）」として，大学も変わっていく必要がある。

例えば，福井大学の教職大学院（教職開発専攻）では，実践の省察の軸を職場である学校におき，学校のかかえる課題を同僚教師とともに学校で協働して解決していくことを目指すため，授業の多くが大学ではなく，学校で開かれているという（松木，2009）。つまり，大学院の担当者（研究者）も学校に出向き，現場の教師とともに，省察的実践の展開を跡づけ共有し考えあう取り組みをカリキュラムの中心に据えている。このように，学校という職場と学校外の大学を単につなげるだけではなく，「省察的な機構」としての大学のあり方が問われている。

第4節　スクールミドルの職能発達を支援する3つのサイクル

これまでみてきたことをまとめると，図6.5のようになる。スクールミドルの職能発達を支援するためには，図にみられる「世代継承」「実践と省察」「学校と学校外」のそれぞれのサイクルをまわしていくことが求められるが，この3つのサイクルが歯車のように連動している点を見落としてはならない。例えば，「学校と学校外」のサイクルを循環させることで，「実践と省察」のサイクルを活性化することができるのは，すでにみたとおりである。次に，授業研究を中心にした「実践と省察」のサイクルを活性化させることは，「世代継承」のサイクルを循環させることにつながり，教師の同僚性（collegiality）にも影響を与えると考えられる。

佐藤学（1997）によれば，教師の同僚性とは，「相互に実践を高め合い専門家

第6章　スクールミドルの職能発達を支援する仕組み　　**127**

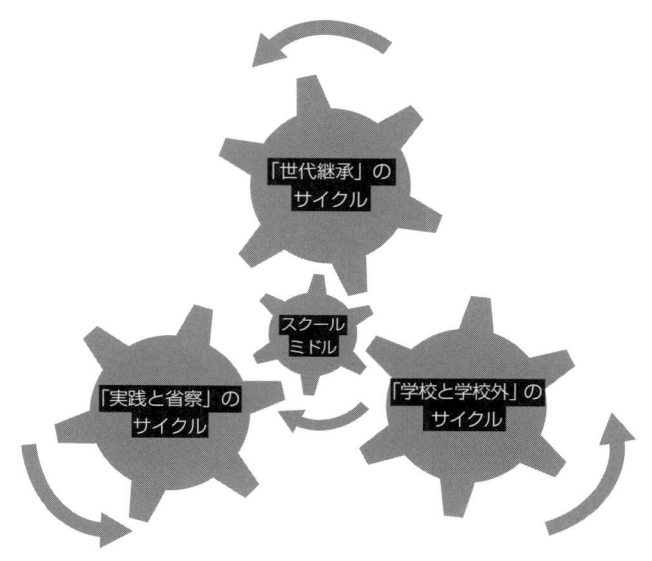

図 6.5　スクールミドルの職能発達を支援する3つのサイクル

としての成長を達成する目的で連帯する同志的関係を意味しており，愚痴や趣味を社交的に交換し合う『おしゃべり仲間』（peers）とは区別」されている。この同僚性は学校改善の鍵として注目されているが，授業研究を中心とした「実践と省察」のサイクルを原動力にして，学校内の教師同士で「世代継承」のサイクルを循環させれば，教師の同僚性を高めることになるはずである。

　同僚性という点では，近年，とくに2006（平成18）年に改正された教育基本法第13条に「学校，家庭及び地域住民等の相互の連携協力」の条文が新設されて以降，学校という場は教師だけでなく，保護者，地域住民，学校支援ボランティア，学校評議員などといった，かつてならば外部と捉えられていた人たちも積極的に学校教育にかかわるようになってきた。その意味では，彼らも教師にとって「新しい同僚」であり，彼らとどのような関係を築いていくかも教師にとって大きな課題となっている（紅林，2007）。ただ，紅林がいうように，「多くの学校はそれらの人々をあいかわらず教師の補助者（サポーター）と考え

ている」のが現状であろう⁽¹⁾。そのうえ，学校にかかわる大人たちのほうも子どものために学校を支援しているという意識が強い。

しかし，「世代性」や「かかわりの中での発達」の観点からみると，そうした多様な人たちが学校に関与することは，子どもたちだけでなく，教師も含めた大人たち自身にとっても大きな意味をもつと思われる。すなわち，学校は大人たちの発達や成熟を促すうえで重要な役割を果たす生涯学習の場と考えることもできるのである（熊谷，2010）。つまり「世代性」の観点からみれば，大人たちも学校支援ボランティアやPTA活動などで，子どもたちのケアをすることで自らも学び，成熟しているといえる。エリクソンは「成熟した人間は必要とされることを必要とする」と述べているが，まさに人は必要とされることによって，成熟した大人になることができるのだろう[2]。

また，「かかわりの中での発達」という点では，役割の重い中年期を生きるなかで，多くの保護者はさまざまな困難をかかえていくことになるが，その困難や危機を乗りこえるにも，学校という場をきっかけに同じような状況におかれている保護者同士がかかわり，つながっていくことが有効であるだろう。同様に，教師も保護者や地域の大人たちとのかかわりのなかで発達・成熟していくと考えられる[3]。

こうしてみると，「学校と学校外」のサイクルを活性化させ，地域の大人たちが積極的に学校にかかわることで，学校の教師だけにとどまらない，より大きな「世代継承」のサイクルを地域社会のなかで循環させることもできる。この大きな「世代継承」のサイクルでは，子どもとして，他者から「育てられる」ことで成人になった人間が，今度は次の世代の他者を「育てる」ことで，自分自身も成人（市民・親・教師）として「育てられ」，成熟していくことができるのである。そのためには，学校にかかわる大人たちを，「新しい同僚」と教師が理解することが求められるだろう。

さらに，連動する3つのサイクルの中核にスクールミドルが位置づけられることも見逃せない（図6.5）。つまり，スクールミドルは，3つのサイクルをまわすうえで重要な役割を果たしている。野中（1990）の言葉を借りれば，「組

織マネジメントにおける結節点（連結ピン）」としての役割を彼らは担っているのである。組織における結節点であるスクールミドルが，学校の上下世代の関係を取りもち，双方に働きかけることによって，3つのサイクルをスムーズにまわすことが可能になる。そして，これらの連動するサイクルが一体となって，より大きなサイクルを循環させることで，学校という組織全体の発展にも寄与していくものと考えられる。

　と同時に，このサイクルをまわすことが，スクールミドル自身の職能発達にもつながっている点を看過してはならない。つまり，中年期入り口の二重のトランジションという「危機的移行」を乗りこえるためにも，彼らは学校内の同僚教師，さらには学校をとりまく地域の「新しい同僚」と積極的にかかわっていくことが求められる。その意味で，彼らはジールとエルダー（Giele & Elder, 1998/2003）のいう「結び合わされる人生（linked lives）」における中心的なマネージャーとして（藤崎他，2008），学校内外で同じ経験を共有している他者の関係を取りもつ役割を担っており，そこでのかかわりによって，自らも発達や成熟していく存在といえるだろう。　　　　　　　　　　　　　【熊谷　愼之輔】

注
（1）　他方，学校にかかわる大人たちも学校づくり・地域づくりの主体として当事者意識をもつためには，自分たちはサポーターではなくパートナーであると認識する必要もあるだろう。
（2）　ただし，「世代性」の観点からみると，必要とされるのは，大人たちだけではない。西平（1993）がいうように，「大人は，子どもによって動かされつつ，子どもを育てることによって自ら成長し，子どもは親によって育てられることを通して，親を成長させつつ，自らも成長してゆく」のである。ここでいう親は，保護者や地域住民，さらには教師といった学校にかかわる大人たちとひろく捉えてほしい。そうすれば，学校・家庭・地域の連携・協力事業に取り組む大人たちの間で支配的であった，子どものため，学校のために支援を行うといった考えよりも，次頁の図6.6のように大人と子どもは歯車のようにかみ合った，互いの成長のために必要な存在同士と捉え直す必要があることがわかるだろう（熊谷，2011）。

子ども　教師　　大　人　　　保護者・地域住民

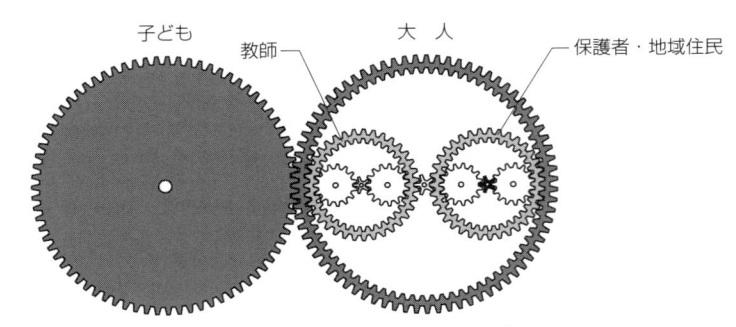

図 6.6　大人と子どもの歯車モデル

　この「大人と子どもの歯車モデル」に従うと，大人と子どもの育ちあいのためにも，学校・家庭・地域の連携・協力事業での両者のかかわりあいが必要であるといえる。さらに，「世代性」の考え方のもと，学びを通した「大人と子どもの歯車」をかみ合わせることによって，「育てる―育てられる」という大きな「世代継承のサイクル」を促すことができれば，社会全体の教育力も向上させていくことができるだろう。そのためには，「教師と保護者・地域住民との歯車」や「教師同士の歯車」といった大人同士の歯車をかみ合わせてまわしていくことが肝要になる。とくに，「教師同士の歯車」においては，授業研究を主軸とした校内研修等で，スクールミドルが世代間の調節ギアや潤滑油としての役割を果たすことが期待されている。

（3）　もちろん，教師と保護者とのあいだは決して予定調和的な関係ではなく，仲田（2008）がいうように「一見『調和的』な関係の中にも，一定の駆け引きを見いだせる」ことには注意しなければならない。しかし，だからこそ，教師の専門性と折り合いをつけながら，いかに両者の関係を築いていくかが重要になってくる。

引用・参考文献

Argyris, C.（1977）*Double loop learning in organizations.* Harvard Business School Publishing Corporation. 有賀裕子訳（2007）『「ダブルループ学習」とは何か』［ダイヤモンド・ハーバード・ビジネス・ライブラリー］ダイヤモンド社

秋田喜代美（1996）「教師教育における省察概念の展開」森田尚人・藤田英典・黒崎勲・片桐芳雄・佐藤学編『教育と市場』［教育学年報5］世織書房

秋田喜代美（2006）「教師の力量形成　協働的な知識構築と同僚性形成の場としての授業研究」21世紀COEプログラム東京大学大学院教育学研究科基礎学力研究開発センター編『日本の教育と基礎学力―危機の構図と改革への展望』明石書店

秋田喜代美・ルイス，C.編（2008）『授業の研究　教師の学習　レッスンスタディへのいざない』明石書店

Cranton, P. A.（1992）*Working with adult learners*. Wall & Emerson. 入江直子・豊田千代子・三輪建二訳（1999）『おとなの学びを拓く－自己決定と意識変容をめざして』鳳書房

Erikson, E. H.（1950）*Childhood and society*. New York: Norton.
仁科弥生訳（1977・1980）『幼児期と社会1・2』みすず書房

藤崎宏子・平岡公一・三輪建二編（2008）『ミドル期の危機と発達－人生の最終章までのウェルビーイング』金子書房

古川久敬（1991）「構造こわしと集団・個人の学習」『組織科学』［特集　組織変革と組織学習］第25巻第1号，白桃書房

Giele, J. Z. & Elder, G. H.（Eds.）（1998）*Methods of life course research : Qualitative and quantitative approaches*. Sage Publications. 正岡寛司・藤見純子訳（2003）『ライフコース研究の方法－質的ならびに量的アプローチ』明石書店

堀薫夫（2010）『生涯発達と生涯学習』ミネルヴァ書房

今津孝次郎（1996）『変動社会の教師教育』名古屋大学出版

今津孝次郎（2008）『人生時間割の社会学』世界思想社

鹿毛雅治（2004）「対話によるリフレクションと授業研修」秋田喜代美編『子どもたちのコミュニケーションを育てる』［教職研修10月号増刊］教育開発研究所

金井壽宏（2002）『働くひとのためのキャリア・デザイン』PHP研究所

Knowles, M. S.（1980）*The modern practice of adult education: From pedagogy to andragogy*. Revised and updates. New Jersey: Prentice Hall. 堀薫夫・三輪建二監訳（2002）『成人教育の現代的実践－ペダゴジーからアンドラゴジーへ』鳳書房

小嶋秀夫・やまだようこ編（2002）『生涯発達心理学』放送大学教育振興会

熊谷愼之輔（2009）「成人学習論とスクールリーダーの職能発達」淵上克義・佐藤博志・北神正行・熊谷愼之輔編『スクールリーダーの原点－学校組織を活かす教師の力』金子書房

熊谷愼之輔（2010）「社会教育の存在意義－社会教育の終焉論を乗りこえて－」『社会教育』第65巻，5月号，全日本社会教育連合会，pp.12-18

熊谷愼之輔・志々田まなみ・佐々木保孝（2011）「学校支援地域本部事業の展開と課題－『学習する組織』としての学校支援地域本部をめざして－」『日本生涯教育学会年報』第32号，日本生涯教育学会，pp.167-182

熊谷愼之輔（2011）「これからの社会教育はどこに活路を求めるのか－学校・家庭・地域の連携領域に焦点をあてて－」『社会教育』第66巻，12月号，全日本社会教育連合，pp.22-29

紅林伸幸（2007）「協働の同僚性としての《チーム》－学校臨床社会学から－」『教育学研究』74（2），日本教育学会，pp.174-188

松木健一（2004）「物語る校内研修を創る」秋田喜代美編『子どもたちのコミュニケーションを育てる』［教職研修10月号増刊］，教育開発研究所

松木健一（2009）「福井大学教職大学院」日本社会教育学会編『学びあうコミュニティを培う－社会教育が提案する新しい専門職像－』東洋館出版社

三輪建二（2009）『おとなの学びを育む―生涯学習と学びあうコミュニティの創造』鳳書房
仲田康一（2008）「学習参加による父母―教員間インタラクションと教員の専門知の関係についての考察」『日本教師教育学会年報』(17)，日本教師教育学会，pp.62-72
中原淳・金井壽宏（2009）『リフレクティブ・マネジャー　一流はつねに内省する』光文社
西平直（1993）『エリクソンの人間学』東京大学出版
野中郁次郎（1990）『知識創造の経営―日本企業のエピステモロジー』日本経済新聞社
野中郁次郎・勝見明（2004）『イノベーションの本質』日経BP社
織田泰幸（2009）「学校の知識経営」岡東壽隆監修『教育経営学の視点から教師・組織・地域・実践を考える―子どものための教育の創造―』北王子書房
小島弘道編（2007）『時代の転換と学校経営改革―学校のガバナンスとマネジメント』学文社
小島弘道（2010）「学校経営とスクールミドル（最終回）　スクールミドルの役割―『中間概念』の創造」『月刊高校教育』43（3），学事出版，pp.82-85
岡本祐子（2003）「ミドルの『危機』―納得できる働き方への転換」金井壽宏編『会社と個人を元気にするキャリア・カウンセリング』日本経済新聞社
岡本祐子編（2005）『成人期の危機と心理臨床―壮年期に灯る危険信号とその援助―』ゆまに書房
佐藤学（1997）『教師というアポリア―反省的実践へ―』世織書房
佐藤学（2009）『教師花伝書―専門家として成長するために』小学館
Schön, D. A.（1983）*The reflective practitioner: How professionals think in action.* Basic Books. 柳沢昌一・三輪建二監訳（2007）『省察的実践とは何か―プロフェッショナルの行為と思考』鳳書房
島田希（2007）「反省的な教師教育におけるメンターの役割―石川県における『熟年教師に学ぶ授業力向上事業』をもとに―」『日本教師教育学会年報』(16)，pp.88-97
曽余田順子・曽余田浩史（2007）「『ダブルループ学習』を促すスクールリーダー教育の構築―東広島市教職員キャリアアップ研修を通して―」『日本教育経営学会紀要』第49号，pp.111-121
杉村和美（1995）「ライフサイクル」南博文・やまだようこ編『講座　生涯発達心理学　第5巻』[老いることの意味―中年・老年期]，金子書房
鑪幹八郎（2002）『アイデンティティとライフサイクル論』ナカニシヤ出版
鶴見俊輔（1990）『教育再定義への試み』岩波書店
Wenger, E., McDermott, R., Snyder, W. M.（2002）*Cultivating communities of practice.* Harvard Business School Press. 野村恭彦監修・野中郁次郎解説・櫻井祐子訳（2002）『コミュニティ・オブ・プラクティス』翔泳社

第Ⅲ部　スクールミドルの世界的視野

第7章　世界のスクールミドル

第1節　OECDによるスクールミドルへの注目―校長職からミドルへ

1　教育水準向上の鍵としてのスクールリーダーシップ：OECDとEUの動向

　2001年パリ開催の「万人の能力への投資（Investing in Competencies for All）」，2004年ダブリン開催の「万人の学習の質の向上（Raising the Quality of Learning for All）」というOECD教育大臣会議において，急速に変化する社会のニーズに教育システムが対応するためには，スクールリーダーシップの役割が重要になることが強調された。2006年には，22の国・地域によってOECDのスクールリーダーシップ改善（Improving School Leadership: ISL）プロジェクトが開始される[1]。

　ISLプロジェクトは，教授・学習活動の改善に向けたスクールリーダーシップ政策の策定・実施の支援となる情報・分析を，政策作成者に提供することをねらいとし，参加国によるレポート報告・知識共有が行われている。これらプロジェクトは，一連の学校効果性研究にもとづき，スクールリーダーシップが教育改革の鍵となることを前提としている。

　またヨーロッパでは，1993年のEU創設以降，ヨーロッパ・コミュニティやヨーロッパ・アイデンティティ確立に向けて教育が重視されてきた。政治，経済，法，システムをはじめ，言語，民族，文化，歴史的背景の多様性から，共通の内容・目標を探ることは大きな困難をともなうともされてきた。一方で，OECDによるPISAやIEAのTIMSSを受けて，教育水準向上が各国の課題となる。

　2000年代のEUにおいて，標準的な教育システムをできるだけ避ける一方，

スクールリーダーシップについては独立した問題として，各国の文脈に配慮しつつ国を超えたシステムが「スクールリーダーシップのヨーロッパ化（Europeanisation of school leadership）」として模索されている。とくに①リーダーシップ開発プログラム，②教育におけるリーダーシップに関する共通理解，が検討課題となっており，専門職基準開発や研修のあり方が議論されている。

2007年には「PISAからLISAへ（"From PISA to LISA"）」と表現されるなど，スクールリーダーシップの生徒の学業到達度へのインパクトについて，ヨーロッパ7カ国が国際比較による評価を開始した。LISAとはLeadership Improvement for Student Achievementの略で，プロジェクトにはEUの機関（the Education, Audiovisual and Culture Executive Agency）の資金が用いられている。

2009年のEU教育大臣会議で，スクールリーダーシップの重要性が改めて確認され，2010年に欧州委員会で，ヨーロッパ・スクールリーダーシップ政策ネットワーク（European Policy Network on School Leadership）が提案要求される。具体的には，スクールリーダーの養成・選抜・教育・研修の改善が期待された。スクールリーダー政策の関係者である政策作成者，実践家，研究者，利害関係者間の，例えば同業者による学習，研究，分析を通じた超国家的交流や協力の重要性が確認された。EUの資金によるスクールリーダーの登用・養成・システムに関する国際比較調査研究や，専門職基準の開発や研修に向けた団体・ネットワークが設置されるなど，スクールリーダーシップへの注目がうかがえる[2]。

2　スクールリーダーシップの分散：ミドルへの注目

これら議論のなかで，まず校長の役割の重要性が指摘されてきたが，一方で，スクールリーダーシップの分散という視点から，ミドルの役割も注目されはじめた。OECDはスクールリーダーシップの概念を広げ，ミドルのための政策や研修体制を整える必要性を述べている[3]。

1983～1986年にOECD-CERIが推進した学校改善に関する国際プロジェクト（International School Improvement Project: ISIP）では，①スクールリーダーの

役割および研修の推進，②学校の組織・運営の改善，③教師のモラールの向上，④校内研修の改善が，学校改善の重要事項として挙げられた。

　①のスクールリーダーは，同プロジェクトによる新たな概念で，校長，教頭のほかに主任や指導主事などが含まれる。しかし，この時点では，スクールリーダーとしては，校長への関心が強かったといえる。ISIPの1985年日本セミナーでは日本の主任が話題を呼んだ。それは当時，OECD加盟国の多くにとって校内の組織づくりへの関心が低調であったためである。また，日本にとっても主任をどのように英訳するか苦労したとの話も聞く。結局，そのままShuninとしたそうである(4)。

　各国で分権改革が進み，教育水準向上に向けて学校の組織・経営のあり方が問われはじめる。学校改善研究が盛んに行われ，スクールリーダーシップのあり方として校長の役割がまず問われる。そのうえで，教育水準向上に向けた更なる組織・経営のあり方が模索された。スクールリーダーとしてのミドルへの注目は，1980年代にその萌芽が見られ，その後，本格的な議論が展開されていると考えてよいだろう。

第2節　OECD加盟国にみるミドルの位置と課題

1　学校の意思決定におけるミドル

　一般に，学校におけるミドルマネジャーとは，校長などトップマネジメント層より下に位置づき，教職員チームや学校の仕事のために何らかの経営責任を負う教員すべてのことをいう(5)。

　ミドルマネジメントの役割は，多くの国々で注目されつつある。図7.1は，中等学校における意思決定のあり方に関してOECD加盟国の平均を表している。グラフ上部の「学校裁量なし」以外の長さは学校の自律性の程度を，グラフの分割は学校内の権限のあり方を表している。つまり，学校の意思決定における校長，ミドル（ここでは教科主任 department head），教員，学校理事会の関与の度合いを表している。

第7章　世界のスクールミドル　137

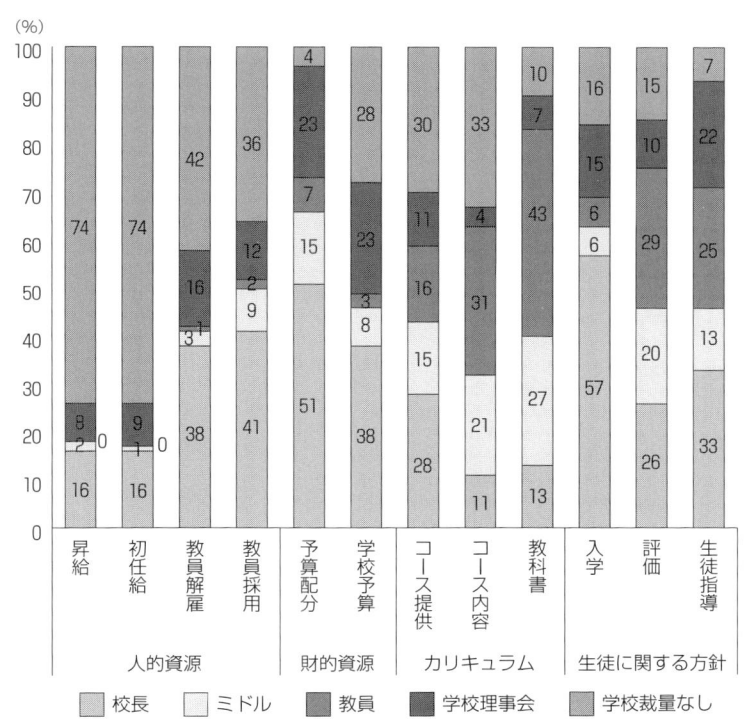

図7.1　OECD加盟国平均における学校の意思決定のあり方

凡例：校長／ミドル／教員／学校理事会／学校裁量なし

区分	項目	校長	ミドル	教員	学校理事会	学校裁量なし
人的資源	昇給	16	2	8	0	74
人的資源	初任給	16	1	9	0	74
人的資源	教員解雇	38	3	16	1	42
人的資源	教員採用	41	9	12	2	36
財的資源	予算配分	51	15	7	3	23
財的資源	学校予算	38	23	8	3	28
カリキュラム	コース提供	28	15	16	11	30
カリキュラム	コース内容	11	21	31	4	33
カリキュラム	教科書	13	27	43	7	10
生徒に関する方針	入学	57	6	6	15	16
生徒に関する方針	評価	26	20	29	10	15
生徒に関する方針	生徒指導	33	13	25	22	7

出所：OECD (2008) *Improving School Leadership, Volume 1: Policy and Practice*, p.75（有本昌弘監訳 (2009)『スクールリーダーシップ―教職改革のための政策と実践』明石書店、113頁）／OECD (2004) *Learning for Tomorrow's World: First Results from PISA 2003*, p.234 を参考に筆者作成。

　学校裁量に関しては，国によって幅広い違いがある。一方で，OECD加盟国平均で，学校で最も権限を有すのは校長である。人事管理上の学校裁量は全体的に減ってきている。予算権に関しては，校長の責任が最も大きい。ミドルと教員は，カリキュラムや生徒に関する事項で重要な責任を負っている。学校理事会は財務面の責任を多く負っている。

　このように，各国で次第に学校経営におけるリーダーシップが分有・分散され，校長に次いでミドルが，学校理事会や教員とともに重要な位置を占めつつ

あることがわかる。

2　ミドルの種類とタイプ

　OECD・ISL 参加国において，学校ミドルはさまざまな役割からなり，広範な責任を果たしている。副校長，教頭，校長補佐，職業・技術学校の科長，ワークショップ・マネジャーまたはコーディネーター，何らかの職責をもつ教員をさす国もある。また，より狭義に，教科主任やカウンセリングなど特定の職責を担う教員を意味する場合もある。

　一般にどのようにミドルマネジメントを位置づけるかは，各学校に委ねられている場合が多い。人事，財務，ICT，アカウンタビリティのような機能別に役割分担がなされている場合や（オランダ），学年，教科領域にリーダーをおく場合もある（イングランド）。また，指導，評価，校内研修に焦点化して，とくに教授活動上の支援を担うタイプのものもある。例えば，ポルトガルでは，ミドルとは特定の領域の長であり，2008 年より教員評価の役割を課されている。

　トップマネジメントが，校長や学校理事会，職員会議などで担われるのに対して，ミドルマネジメントは，各部門領域の事項を各ミドルマネジャーが担う。また，トップマネジメントやミドルマネジメント・チームに所属していない場合でも，教員が学校における公的な経営責任を負う場合もある。ISL 参加国のうち３分の１以上がその存在を報告している。オーストラリアは，教員リーダー（teacher leader）がチーム，学年，カリキュラム領域に責任を負う。韓国では主任教員（chief teacher）が，ノルウェーではチームリーダー（team leader）が経営の一端を担う。スペインでは，教員としての職務を軽減する分，管理業務を担い校長のリーダーシップを支援する役割も出てきている[6]。

　表 7.1 は OECD・ISL 参加国の校長とミドルの役割の一覧である。各国の学校裁量が異なるため，校長の役割もそれに応じてさまざまとなる[7]。慣例的に校長に担われてきた役割も異なり，フランスの初等学校やアイルランドの校長などは，同僚のなかの主席で，特定の地位はなく教員として実践することが求められる。学校経営のあり方や校長の役割との関係で，ミドルの役割が規定

表7.1 OECD・スクールリーダーシップ改善プロジェクト参加国の校長とミドルの役割

国	校長の役割	校長以外のトップチーム	ミドルの役割
オーストラリア	学校全体の経営権限及びアカウンタビリティの責任	副校長、校長補佐	教員リーダー（チーム、学年主任またはカリキュラム領域の責任）
ベルギー（フランドレン）	経営業務とコミュニケーション、限定的な自律性	副校長	教科主任（中等技術・職業学校）
ベルギー（ワロン）	学校によって多様	副校長、秘書（大規模校）	職業訓練コーディネーター、教育支援コーディネーター、学年群コーディネーター、ICTコーディネーター、ケア・コーディネーター
チリ	組織・経営に関する業務	副校長、秘書（中等学校）	教科コーディネーター（中等学校）（技術・職業教育）
デンマーク	リーダーシップ枠組み（Good School Leadership Framework）により定義	副校長	教授活動上のリーダーシップ
イングランド	教科領域のリーダーシップ	副校長	教科主任
フィンランド	専門職基準による6領域 ①未来を形づくる、②教授・学習活動、③自己開発と協働、④組織間交渉、⑤アカウンタビリティ、⑥コミュニティ強化	副校長、校長補佐、事務長、シニア教員	学年群主任、学年群主任、学習リーダー（教科主任、上級技能教員）
フランス	学校改革に関する幅広い意思決定権	副校長、事務長	教科群主任、学校のリーダーシップ参加（教員は週3時間、学校の指導計画作成に参加）
ハンガリー	同僚のなかの主席 (primus inter pares)、とくに初等学校では特定の地位はなく教員として実践	副校長	教育カウンセラー、ワークショップ・マネジャー
アイルランド	同僚のなかの主席、フラットな経営構造、同僚的なビジョンの提示	副校長、校長補佐	教員の経営参加
韓国	教員の最高責任者として等敬される	副校長	特定の職務を負う教員
オランダ	法的規定なし	学校によって多様	主任教員
ニュージーランド	①執行者、②指導者、③報告者の役割をもつ専門職リーダー	m	教員リーダー（生徒指導主任、シニア教員（学年主任、カリキュラムリーダー、教科主任、スペシャリスト教員）
ノルウェー	経営の全責任	副校長	教科群主任、チームリーダー（学年主任）
北アイルランド	経営・管理の責任、リーダーシップの責任	副校長、シニア教員	教科群主任（生徒指導主任、カリキュラム領域、担当教員）
ポルトガル	意思決定権をほとんどもたず教員として実践	学校群による経営チーム	m
スコットランド	経営・管理の責任	副校長	主任教員
スロベニア	教授活動上のリーダー、経営・管理の責任	副校長（大規模学校）、ディレクター（後期中等学校）	m
スペイン	学校経営では法的責任を負うがほとんど自律性はない	事務長	研究主任、教員の経営参加
スウェーデン	管理者ではなく経営者としての役割	副校長	研究主任、教科主任、教員の経営参加

m＝information missing

出所：OECD (2008) *Improving School Leadership, Volume 1: Policy and Practice*, pp.96-101（有本昌弘監訳（2009）『スクールリーダーシップ―教職改革のための政策と実践』明石書店、150-156頁）／Leask, M. & Terrell, I. (eds.) (1997) *Development Planning and School Improvement for Middle Managers*, Kogan Page Ltd. pp.56-94を参考に筆者作成。

されることになる。校長や副校長などのトップマネジメント・チームが形成され，教科主任や学年主任，各コーディネーターなどがミドルとして配置されることが多い。

OECD・ISL 参加国において，学校における協働やリーダーシップ，校長支援のために，ミドルの役割は重視されてきている。一方で，実際に，リーダーシップや経営責任をうまく分有し，ミドルが機能している例はまだ少なく，課題も多い。例えば，韓国では，校長や副校長はミドルの協力と献身を必要としているが，その役割は非常に限られている。ミドルの役割を担うことに対しても，魅力や意義が教職員から十分に理解されておらず，さらなる誘因が必要と報告されている。

各国の学校では限られた領域と期間において，自主的にミドルの役割が担われている場合も多い。どのようにリーダーシップが分散されるべきか，ミドルの位置づけが不明瞭な状態も続いている。それにともなって，スクールミドルの専門職基準の開発が政策的にも課題となり，研修プログラムのあり方も模索されはじめている[8]。

第3節　ブラック・ボックスとしてのミドルマネジメント

1　ミドルマネジメントへの本格的な注目

世界で学校ミドルの役割が注目され，その開発が求められている。それは，「良い教師が必ずしも，大人にとっての良いマネジャーとは限らない」[9]ことを前提としている。しかし，学校改善におけるミドルの重要性が指摘されてきたが，その役割や位置づけは長い間，問われることはなかった。依然として役割は不明瞭であり，研修体制や支援が十分となっていない。そもそも，学校におけるミドルマネジメントは，どのように認識されてきたのだろうか。

1980年代以降の学校経営改革の傾向の一つとして，個々の学校を教育水準向上を図る「変革の基礎単位（unit of change）」と位置づけ，自律性を求めることが挙げられる。しかし，1990年代の学校改善研究や学校効果性研究によって，

学校は均質な組織ではなく，その内部に多様性があることがわかってきた[10]。学校内の下位組織への関心が高まり，教科レベル，教室レベルなどさまざまな次元の改善努力の重要性が指摘される。

なかでも各調査研究で，同一校においても個々の教科部会のパフォーマンスの質にかなりの違いがあることが明らかになった。そこから学校改善の戦略として，各教科の教授・学習活動に焦点を当てることが提唱される。学校全体でも個々の教室でもなく，各教科部会こそが教育水準向上を図る「変革の基礎単位」として最も適切で重要であるとされる[11]。そして，それら下位組織を動かす者の役割，つまり教科主任に関する研究が数多くなされてきた。このように一連の研究成果を受けて，学校におけるリーダーシップをより広義にミドルマネジメントを含めて再定義する必要性が示されてきた[12]。

2　ミドル研究の萌芽

1990年前後においては，学校ミドルの職能成長を図る研修やその知識基盤となる研究は十分ではなかった。従来，学校や個々の教師を対象とした学校経営研究がほとんどであったためである。

学校経営におけるミドルリーダーやミドルマネジャーの重要性は，現場レベルでも盛んに指摘され，感覚的には理解されてきた。しかし，2000年においても「学校における効果的なミドルマネジャーに関して，われわれは何を知っているだろうか」[13]という問いが投げかけられているように，教師でも管理者でもない両性具有の性質（hermaphroditic）をもつその役割を原理的に考察することは容易ではない。学校ミドルをめぐる状況について，アメリカ，カナダ，イギリスの比較から類似点が表7.2のように明らかにされている。

1990年代に入って，カナダでは分権改革が進み，教育水準向上が求められ，従来から当然視されてきた教科部会レベルのマネジメントのあり方が問い直される[14]。1999年にオンタリオ州のある学区を対象に行われた調査によって，教科主任がミドルマネジメントの中心的役割を担ってきたが，それがどのように学校全体の成果や子どもの学習に影響を与えているか不明であると指摘され

表 7.2　スクールミドルをめぐるアメリカ・カナダ・イギリスの類似点

> ①各国で学校ミドルが重要とされている。
> ②しかし、各ミドルの任用基準は学校によりかなり多様である。
> ③職務権限、実際の役割、担当部会内や学校での位置づけがかなり曖昧である。
> ④一方で、学校経営の推進者と見なされ、鍵とされている。
> ⑤しかし、日常業務や危機管理に従事することで手いっぱいである。
> ⑥そのため、企画・立案や戦略的な思考、省察のための時間がほとんどない。

出所：Brown, M., Rutherford, D. & Boyle, B. (2000) Leadership for School Improvement: The Role of the Head of Department in UK Secondary *Schools, School Effectiveness and School Improvement*, Vol.11, No.2, pp.240-241.

た[15]。

　教科主任の役割は従来からあまりに当然視されてきたが、実際の役割を調査すると、各教科の予算管理や教材・機器の保管・整備が主な仕事であることが明らかとなった。つまり、学校ミドルの役割は、カリキュラムの大々的な改善を担い、促すというよりも、個々の教室で各教師が滞りなく授業実践を展開できるように関与する、その程度の限定的なものとされていた。そのため、仮にある教科主任が担当教科を越えて学校改革を呼びかけても、ほかの教科部会から反発を招く場合が多くあった。

　学校経営計画作成の重要な情報源となっていたにもかかわらず、その発信源である教科主任の役割は、非常に限定的なものでしかないことが初めて明らかにされたのである。このような学校のミドルマネジメントのあり方は「ブラック・ボックス」と名づけられ、そこにおけるミドルの役割は不問にされるか、解明が十分に試みられてこなかった。

3　職制上の長からミドルマネジャーへ

　一方で、いくつかの学校では、教科主任の役割が捉え直されつつあった。具体的には、①個々の授業実践の環境整備を行うだけではなく、授業改善を促進する革新志向の役割へ、②教科単位を視野としたものから、学校全体の機能や教職員の相互作用を視野とした役割へ、③教科単位の既得権を保護する立場か

表7.3 ミドルとしての教科主任の役割変容

	従来		改革後
役割イメージ	職制上の長としての教科主任		ミドルとしての教科主任
役割内容	授業の環境整備	→	授業改善の促進・革新志向
視野	教科単位の視野		学校全体や教職員の相互作用への視野
姿勢	教科単位の既得権の保護		改善への敏感な姿勢
組織観	職制・職務にもとづく階層的モデル		協働や教師のリーダーシップを重視

出所：Hannay, L. M. & Ross, J. A. (1999) Department Heads as Middle Managers? Questioning the Black Box, *School Leadership & Management*, Vol.19, No.3, pp.345-358 を参考に筆者作成。

ら，改善に敏感に応じる役割へ。徐々にではあるが，従来の職制・職務にもとづく階層的な組織モデルから，協働や教師のリーダーシップにもとづくより包摂的なモデルへと考え方が移行しつつあることが明らかにされたのである（表7.3）。

このような実態の解明を受けて，これからの学校のミドルマネジメントを考えるためには，まず各学校がブラック・ボックスを開ける必要があると指摘されている。そのことによって自明視されてきた教職員の仕事をめぐる関係性が再検討されることになる。同時に，既に存在しうまく機能している学校ミドルの役割の吟味や自校課題の分析のないところに，ブラック・ボックスに都合よく新たな役割を投げ込むだけでは状況は改善しないと指摘されている。

学校に自律性が求められるにともなって，学校経営においてミドルマネジメントのあり方を問うていくことの重要性が高まってきた。しかし，ミドルの役割が依然として不明瞭なことも事実で，単純にリストのように列挙して修得や発揮を求めるだけでは十分に機能しないこともわかる。自校の学校経営の課題や従来から機能してきた学校ミドルの役割がどのようなものかを検討する，そのような過程からミドルの役割の根拠を何に求めていくかを検証することが必要である。

第4節　世界のミドルリーダーシップ開発

1　ミドルマネジメントの3タイプ

　社会環境の変化にともなう学校システムの改革によって，学校のミドルマネジメントのあり方が問われ，注目されることが多い。オランダでは1960年代に学校組織が大規模化した際に，教科部会の役割が重視された。しかし，1990年代に入るまで，ミドル研究はほとんどみられなかった。教科主任の公的な役割規定・権限は通常なく，リーダーシップに責任を負うとともに，同僚性も求められる。このようなことから多様性をもつが，教科部会のあり方に注目して，ミドルマネジメントの形態・特徴が，三つの分類から考察されてきた（表7.4）[16]。

　①分離型は，部会内の活動にコーディネートがまったくなく，リーダーシップもなければ，方針の決定，教員の協働もない。教員は完全に孤立し同僚との議論はない。一方で，教授・学習活動に関する意思決定に個人として自律性をもつ。教科部会は名ばかりのもので部会会議があっても，部会の方針を議論することはない。教科主任の影響力も最小限となる。

　②ライン型は，トップの方針が影響力をもつ。部会は個々の教員に影響を与える手段となる。教員はトップと直接的な関係をもち，トップの決めた範囲において，教授・学習活動に関する意思決定の裁量をもつ。

　③同僚性型では，トップはプロセスをより重視する。トップには部会内の協働促進に向けた条件整備が求められる。部会レベルでは部会自ら教育方針を策定することが重視される。学校全体の方針策定のための情報発信と，個々の教員の活動を支援するための強力な場所となる。

　このようにミドルマネジメントのタイプを整理してみると，そのあり方によって，教員の働き方は大きな影響を受けることがわかる。それゆえ，個々の教室での実践は，ミドルマネジメントや学校経営によって左右されうる。またミドルマネジメントは，個々の教室での授業や学校全体の改善に貢献することが

表7.4　ミドルマネジメントの3タイプ

	経営の状態	教員関係	教員の裁量	部会の地位	ミドルの影響力
①分離型	全体のまとまりやリーダーシップがない	個々の教員は孤立	意思決定に裁量	名ばかりのもの	小
②ライン型	トップの影響力が大きい	トップと直接的な関係性	トップの決めた範囲の裁量	個々の教員にトップの方針を伝える場	中
③同僚性型	プロセス重視	議論や支援	部会への貢献が求められる	学校全体への発信や帰属意識が強い	大

出所：Creemers, B. (1997) Departments in Secondary School in the Netherlands, in Leask, M. & Terrell, I. (eds.), *Development Planning and School Improvement for Middle Managers*, Kogan Page Ltd., pp.62-63を参考に筆者作成。

できる。なお，表7.4に「校長の影響力」という観点を加えるとすると，①分離型では小であり，②ライン型では大，③同僚性型では中と考えられるのではないだろうか。

2　スクールミドル政策と役割実態

(1)　ミドル政策

　スクールリーダーシップは校長に限定されたものではなく，組織に分散・分有されるとの認識が各国で高まってきている。なかでも，シンガポールが世界で最もミドルリーダーの育成に精力的である。今は16週間となったが，以前は，リーダーシップとマネジメントの力量開発と教科の専門知識の更新を目的に，全教科主任に職場を離れた1年間のフルタイム研修の受講を課していた。また，1980年代から分権改革が進んだイギリス（イングランドとウェールズ）では，1998年に教科主任のための専門職基準が設定されるなど，政策・研究面で最も精力的にミドルに関する議論が展開されてきた。

　一方で，スウェーデン，香港などにはミドルのための公的な研修プログラムはない。ニュージーランドでは，公的な研修はなく自主学習に委ねられている。ノルウェーでは学校経営政策上，校長の役割が重視されてきた一方で，ミドルにはほとんど関心が払われてこなかった[17]。

ドイツでは州差はあるが、1990年代以降に学校の自律性強化が進む。教員の教育活動に対する実質的な指導・監督権をもつなど、校長職の権限が強化される。このような流れと学校開発論が合わさって、校長のリーダーシップ論が萌芽的に展開されてきた。しかし、学校経営における意思決定のあり方は、保護者等の参加を含む学校会議を通じた合議制の組織構造に委ねられている[18]。このような背景から、校長職をめぐる議論と比してミドル論は低調である。

ロシアでも、ソ連崩壊以降、社会主義イデオロギーを否定し、1990年代から学校の自律的な組織・経営のあり方が問われてきた。学校会議の位置づけの見直しや、管理運営体制の自由化として校内の職位・権限配分のあり方などが議論されてきた。実際には、一方で校長の裁量権拡大が進み、他方で教職員会議を通じた校長と教職員の対等な関係による学校経営が展開され[19]、ミドル論はほとんど見られないようである。

アメリカでは、1990年代における学校裁量拡大にともなう校内組織再編の動向として、校長に加えて、教員リーダーが新たに助言援助機能を担い始めた[20]。教科主任のためのミドルマネジャー研修の整備の必要性も指摘されている[21]。シカゴでは、2年間に渡る10セッションからなるミドルのための研修（School Leadership Learning Teams: SLLT）を提供している。そのほか、カナダ・オンタリオでは、公的な研修はないが、多くのミドルが校長職に向けて修士号を取得している[22]。

(2) ミドルの役割実態

オーストラリアの中等学校では、教科主任と学年コーディネーターがミドルマネジャーとして位置づけられている。教科主任の伝統的な役割は、教科の専門知識をもち、年間計画や評価計画の策定・管理、部会教員の指導を行うことであった。1980年代以降、ミドルの支援プログラムや研修が導入される。ミドルは、カリキュラムや評価の領域において、進取の気性に富む戦略的役割を担う必要があるとされてきた。また、批判的かつ反省的であり、アクションリサーチやさまざまな人との連携も求められはじめる。

ミドルが注目される以前は、ラインマネジメントが一般的で、教員は孤立し

て働き，アイデアや資源を交換することはまずなかった。ミドルマネジメントが重視されてからは，専門家として独立する方向ではなく，学習者として相互依存することが教員に求められる。チーム内の個性や差異を受容し，いろいろな提案を許容・尊重できるように，教員が相互依存的に働ける環境を整備することがミドルマネジャーに期待されている。同僚教員の職能成長を図ることはとくに重視されてきている[23]。

　スウェーデンのミドルマネジメントは，1980年に国家によって導入された。同じ生徒を担当する教員が，基礎学習や補習の計画・実施・評価を行うために，ワーキングユニットと呼ばれるミドルマネジメントの部門が設けられた。教員のなかから研究リーダーが任命され，会議の主宰などを担う。

　前期中等学校では，従来から存在していた教科主任や主任教員との役割関係の競合から，ワーキングユニットはなかなか根付かなかった。また他校種においても，学校改善のための議論や，職能開発のためにワーキングユニットを活用する教員はほとんどいないことが1991年調査で明らかとなっている。

　しかし，研究リーダーに対しては，約70％の初等学校教員と50％以上の中等学校教員が，直接方向性を示し，仕事の改善に向けた支援を行ってくれるとして信頼感を抱いている。具体的には，基礎学習や補習に計画性がもたらされ，活動や学習の評価の質が向上したことが，ミドルマネジメントの効果として挙げられている。一方で，ワーキングユニットという特定のものに限るのではなく，ミドルマネジメントの捉え方を広げるべきとも指摘されている[24]。

　アフリカ諸国でもスクールリーダーシップへの関心が高まっているが，例えば，ガーナは植民地であったこともあって，イギリスの学校システムの影響が強い。イギリスと同様に教科主任が重要な役割を果たしており，担当教科の計画や評価，資源配分，校内研修などを担っている[25]。

　アジアにおいて，香港では1990年代以降，分権改革により学校に自律性が求められて以降，学校経営・組織のあり方が変わり，教科主任のミドルとしての役割が求められている[26]。

　分権改革が進みつつある中国では，ミドルへの関心はまだ低い。教員，教科

主任，校長が，どのように教科主任の役割を認識しているかを調査した研究からは，教科主任が実際に担っている役割と，教科主任が望む役割に大きな違いがあることが明らかになっている。また，教科主任が，担当部会における生徒の学習状況を評価・監督することや，部会の何らかの問題解決のために行動を起こすことはない。学校全体の計画をふまえた部会の予算計画の策定，トップマネジメントとの効果的な関係性の構築などは，ミドルによって担われることはないことが明らかになっている[27]。

一方で，中国では，政治体制との関わりから，学校経営における意思決定のあり方が規定される場合も多い。校長責任制の導入など校長の権限強化がなされてきた。しかし，共産党・学校党支部書記や教職員代表大会との複雑な関係から，校長のリーダーシップの発揮ですら難しい場合も少なくない[28]。ミドルの役割も単純な機能性の次元だけで，その成否を捉えるのではなく，学校経営における意思決定や議決のあり方が特殊事情にあることを理解することで，ミドルマネジメントを考える視点や素材を与えてくれる。

3 シンガポールのミドルリーダーシップ開発
(1) 教育水準向上の鍵としての位置づけ

シンガポールは PISA，TIMSS の結果が順調なことからも近年，注目されている。校長のリーダーシップがそのような教育水準向上を導いていることも事実であるが，ミドルの貢献も大きいと指摘されている[29]。

急速な教育改革のなかで，教育水準向上に向けて教科主任職（head of department）が 1980 年代に導入・制度化された。1997 年には学年群主任（level head）と教科指導主任（subject head）の各職が加えられた。ミドルマネジャーは，学校経営チームの一員として実質的な経営責任と権限を有する。初等学校が平均児童数 1600 名と大規模なことから，中等学校に限らず，教科主任などミドルの役割が注目されている。

教科主任は校長から権限委譲され，一般教員と比べて 3 分の 1 の授業負担が軽減され，部会教員の仕事に責任を負う。部会の自己評価，方針策定，学校経

営計画の周知を任され，同僚教員の指導・監督，授業観察などが求められる。

(2) 職場を離れたフルタイム研修

ミドルマネジャーや教科主任が，教育水準向上の鍵となるとして，国立教育研究所（National Institute of Education: NIE）が1年間（現在は16週間）のフルタイムの教科主任研修プログラム（Management and Leadership in Schools Programme）を実施してきた。初等中等学校の全教科主任は給与を受け取りながら，職場を離れて受講する。プログラムは，教授・学習活動を導きうる，ミドルレベルにおける革新的なカリキュラムリーダーの育成を目的としている。内容は，リーダーシップ，マネジメント，カリキュラムに関する各コース，国内外の学校訪問，企業訪問などからなる。

研修修了時には，教育における継続専門ディプロマ（Further Professional Diploma in Education）を授与される。職場に戻ったあとも，教科主任は地方または国が開催する教科に関する研修会への定期的な出席を義務づけられている。

(3) ミドルの役割期待

ミドルの役割が注目されているものの研究はほとんどない。そのなかで，11名の校長，副校長を対象にミドルへの役割期待を調査した研究[30]が注目される。調査から，トップはミドルに対して7つの役割を認識し期待していることがわかった。つまり，①教授・学習活動，②ビジョン構築と方向づけ，③教員の指導・マネジメント，④コミュニケーション，⑤役割変容，⑥自己のリーダーシップ開発，⑦挑戦である。

①教授・学習活動とは，学業到達度に対する責任を負い，効果的な教授・学習活動の展開を促進することを意味し，ミドルのなかでも主要な役割とされている。ミドルは，有能な教科教員で，教科内容や教授方法の専門知識をもつことが期待される。そのため，同僚教員に対する教育政策，カリキュラム，教授方法についての指導・助言が求められる。また教員評価のための授業観察，研究授業や新規プロジェクトの実施により，部会を導いていくことも期待されている。それらを通して新たな考え，実践を議論し，会議などにより部会教員や学校全体と共有していくことも重視されている。

②学校のビジョン構築への貢献も求められ，部会へのビジョン浸透も役割として認識されている。具体的には，部会の年間計画の作成，目標設定，部会内に閉じられたものではなく，学校全体を見渡す視野や部会間の協働が期待されている。③教員の指導・マネジメントとして，教員を動機づけ，協働し，評価のフィードバックによる職能成長やリーダーシップ開発の支援が必要と考えられている。各教員の実態・ニーズと学校全体のバランスを取ることも重視されている。④トップと教員のコミュニケーション・チャンネルとして，フォーマル，インフォーマルに役割を果たすことも求められている。また報告書，企画書，申請書などに関係する文書作成能力も期待されている。

⑤トップからの期待だけではなく，同僚教員のミドルに対する認識も変化してきており，また新たな教育政策の遂行も求められている。そのなかで，カリキュラムや資源を管理するだけではなく，自校独自の課題をふまえてカリキュラムを開発していくことや，授業方法を革新していくなどの役割変容が必要とされている。⑥効果的に役割を担えるように，継続的な自己のリーダーシップ開発も期待されている。⑦ミドルには数多くの役割が求められており，変化や時間的制約に対応していかなければならないという意味において，挑戦も挙げられている。

世界各国でスクールミドルへの関心が高まっているが，国により学校での位置づけや役割開発の仕方は多様である。政治システムや学校経営における意思決定の考え方・仕組み，教員の専門性，職務範囲や労働契約の捉え方，分業ー協業の考え方の違いなどが，ミドルの位置づけを反映しているといえる[31]。

EUでは，校長職の専門職基準の開発，それにもとづく研修を進めつつある。ミドルについては今後の議論が待たれるところである。最も精力的にミドル育成を国策として実施しているシンガポールは，研修は充実しているが，研究や専門職基準開発は着手されはじめたばかりである。

学校の自律性確立とミドルの役割が深く関わっていることは疑いの余地はない。だからこそ，丁寧な論じ方，考え方が必要になる。校長職に加えて，スク

ールミドルの専門職基準の開発が唯一見られる国がイギリスである。20年以上，政策・研究面にわたって議論が続いている。次章では，ミドルリーダーシップ開発を先導してきたイギリスに注目し取り上げ，考察してみたい。イギリスの学校経営改革は，日本にも大きな影響を与えてきた。一見，日本の特殊事情と思えるような難しい教育問題も，イギリスの動向と比較検討することで，共通する問題や考えるべき課題が明確になってくるといえる。　　　【末松　裕基】

（1）　ヨーロッパからは，オーストリア，ベルギー（フランデレン），ベルギー（ワロン），チェコ，デンマーク，イングランド，フィンランド，フランス，ドイツ，ハンガリー，アイルランド，オランダ，ノルウェー，スコットランド，スロベニア，スペイン，スウェーデン，スイス。ヨーロッパ以外からは，オーストラリア，イスラエル，韓国，ニュージーランドが参加した。
（2）　具体的な団体・ネットワークとしては，欧州委員会の資金プロジェクト（the Socrates Minerva Programme for the Promotion of Open and Distance Learning Information and Communication Technologies in the Field of Education）による，ヨーロッパ・スクールリーダーシップ・ネットワーク（European School Leadership Network: ESLN）がある。ヨーロッパ的視点によるスクールリーダーシップの役割の学習と職能成長を目的としたオンライン・コースが開発されている。これまでにヨーロッパ校長会（European School Heads Association: ESHA）の協力のもと，補足的にカンファレンスも開催されている。ESHAはヨーロッパ（EUと非EU）におけるスクールリーダーシップに関して，フォーラムによって議論を行う専門職団体である。そのほか，欧州委員会・資金プロジェクトで，年に数回，ヨーロッパ各国でシンポジウムを開催し，相互学習と質の高いスクールリーダーシップの枠組みの開発を目的としているのが，ヨーロッパ・スクールリーダーシップ・資格ネットワーク（A European Qualification Network for Effective School Leadership）である。詳しくは，末松裕基（2012）「ヨーロッパにおけるスクールリーダーシップ開発の動向」『上越教育大学研究紀要』第31巻，83-93頁を参照。
（3）　OECD（2008）*Improving School Leadership, Volume 1: Policy and Practice*, pp.10-11（有本昌弘監訳（2009）『スクールリーダーシップ―教職改革のための政策と実践』明石書店，16頁）．
（4）　牧昌見（2000）「教育改革と教育研究」『国立教育研究所広報』第126号，http://www.nier.go.jp/kankou_kouhou/126-23.htm，（accessed 2012-03-31）／奥田真丈編（1986）『学校改善に関する国際共同研究―日本チーム報告書』．
（5）　Terrell, I.（1997）Middle Management at the Centre of School Improvement, in Leask, M. & Terrell, I.（eds.）, *Development Planning and School Improvement for Middle Managers*, Kogan Page Ltd., p.1.

（6） OECD（2008）, *op. cit.*, pp.78-79＝119-120頁.
（7） 各国の学校経営改革の特徴と校長の専門職化の傾向については，末松（2012），前掲論文，85-88頁を参照.
（8） OECD（2008）, *op. cit.*, pp.80-81＝121-122頁.
（9） Leask, M. & Terrell, I.（1997）Preface, in Leask & Terrell, *op. cit.*, p.vii.
（10） Sammons, P., Thomas, S. & Mortimore, P.（1997）*Forging Links: Effective Schools and Effective Departments*, Paul Chapman Publishing Ltd.
（11） Brown, M., Rutherford, D. & Boyle, B.（2000）Leadership for School Improvement: The Role of the Head of Department in UK Secondary *Schools, School Effectiveness and School Improvement*, Vol.11, No.2, p.238.
（12） Busher, H. & Harris, A.（2000）*Subject Leadership and School Improvement*, Paul Chapman Publishing Ltd, pp.1-2.
（13） Brown *et al.*（2000）, *op. cit.*, p.240.
（14） 末松裕基（2009）「外国のスクールミドル①」『月刊高校教育』学事出版，第42巻第7号，102-105頁.
（15） Hannay, L. M. & Ross, J. A.（1999）Department Heads as Middle Managers? Questioning the Black Box, *School Leadership & Management*, Vol.19, No.3, pp.345-358.
（16） Creemers, B.（1997）Departments in Secondary School in the Netherlands, in Leask & Terrell, *op. cit.*, pp.61-66.
（17） Hauge, T.（1997）Middle Management: An Opportunity for School Improvement? A Norwegian Perspective, in Leask & Terrell, *op. cit.*, pp.66-77.
（18） 詳しくは，遠藤孝夫（2004）『管理から自律へ―戦後ドイツの学校改革』勁草書房を参照.
（19） 高瀬淳（2005）「ロシア連邦における学校の管理運営体制の法制と実態―モスクワ州の事例に着目して―」『教育制度学研究』（日本教育制度学会）第12号，197-210頁.
（20） 浜田博文（1998）「アメリカにおける個別学校の裁量拡大と校内組織改編に関する一考察―『教員リーダー』の位置と役割に着目して―」『日本教育経営学会紀要』第40号，68-81頁.
（21） Surash, B.（2007）*New York State Public Secondary School Principals' Perceptions of the Skills a Department Chair Needs to Effectively Lead and Administer a Department*, University of Rochester. この点と関わって，英米のメンタリングやコーチングに関わるミドルリーダー研修の実態が日本でも紹介されている（小柳和喜雄（2011）「英米におけるミドルリーダー教員の研修に関する事例研究」『奈良教育大学紀要（人文・社会科学）』第60巻第1号，131-141頁）.
（22） Bush, T. & Jackson, D.（2002）A Preparation for School Leadership: International Perspectives, *Educational Management Administration & Leadership*, Vol.30, No.4, p.423.

(23) Wheldon, L. (1997) Australia: Middle Management in the Queensland Education System, in Leask & Terrell, *op. cit.*, pp.57-61.
(24) Alexandersson, M. & Lander, R. (1997) Middle Management and Quality Development: A Swedish Perspective, in Leask & Terrell, *op. cit.*, pp.80-83.
(25) Ofei, I. T., (1997) Middle Management in Two Ghanaian Schools, in Leask & Terrell, *op. cit.*, pp.88-89.
(26) Au, L., Wright, N. & Botton, C. (2003) Using a Structural Equation Modelling Approach (SEM) to Examine Leadership of Heads of Subject Departments (HODs) as Perceived by Principals and Vice-Principals, Heads of Subject Departments and Teachers within "School Based Management" (SBM) Secondary Schools: Some Evidence from Hong Kong, *School Leadership & Management*, Vol.23, No.4, pp.481-498.
(27) Mercer, D. & Ri, L. (2006) Closing the Gap: The Role of Head of Department in Chinese Secondary Schools, *Educational Management Administration & Leadership*, Vol.34, No.1, pp.105-120.
(28) 篠原清昭（1994）「現代中国の学校改革-『校長責任制』の実現過程-」『日本教育経営学会紀要』第36号，82-97頁。
(29) Low, G. T. & Lim, L. H. (1997) Singapore: Heads of Department and School Improvement, in Leask & Terrell, *op. cit.*, pp.77-79／Heng, M. A. & Marsh, C. J. (2009) Understanding Middle Leaders: A Closer Look at Middle Leadership in Primary Schools in Singapore, *Educational Studies*, Vol.35, No.5, pp.525-536／Koh, H. H., Gurr, D. & Drysdale, L. (2011) How School Leaders Perceive the Leadership Role of Middle Leaders in Singapore Primary Schools?, *Asia Pacific Education Review*, Vol.12, No.4, pp.609-620.
(30) Koh *et al.* (2011), *op. cit.*.
(31) 英・米・独・仏の教員の職務実態と分業システムについては，教職員勤務負担研究会編（2001）『欧米諸国における初等・中等学校教員の職務実態と分業システムに関する国際比較研究-米・英・独・仏を対象として（最終報告書）』を参照。

154

第8章 イギリスのスクールミドル

第1節 スクールミドル前史

1 イギリスの学校組織構造と再編

　イギリス（イングランドとウェールズ）のスクールミドルは，1960年代から数多くの議論がなされてきた。1960年代半ばの中等学校の総合制化により，組織の大規模化などが生じ，学校組織のあり方が見直される。大規模校の英語科や数学科では，十数名の部会スタッフを擁することも珍しくなくなった。

　イギリスの学校では，1944年以降，校長（head teacher）が組織編成や実際の運営に責任を有している。教員配置の法令上の基準は，1959年学校規則に各学校に校長と十分な数の教員をおくとの規定と，大臣公布の教員給与準則に，極小規模の学校を除き1名以上の副校長（deputy head teacher）をおくとの規定があるだけである。校長には自らが適当と考える組織編成を決定する権限があり，当然，学校ごとに組織構造は多様となり一般化は難しい。

　しかし，中等学校に共通する組織構造の特徴として，次のことが挙げられる。①教科指導組織（academic organisation）と生徒指導組織（pastoral organisation）の二本立てになっている。これは，伝統的にイギリスの学校では，教科の学習だけではなく，生徒一人ひとりの人格形成の側面が重視されてきたことが関係している。②教科指導組織には各教科部会（subject department）が構成され，教科主任（head of department）がおかれる。③生徒指導組織には生徒指導主任（pastoral head）がおかれ，学年主任などがそれを担う。④教科指導組織，生徒指導組織，それぞれに対応した副校長（または校長補佐 assistant head teacher）がおかれ，シニア教員（senior teacher）が代わりを務める場合もある。シニア

第8章　イギリスのスクールミドル　155

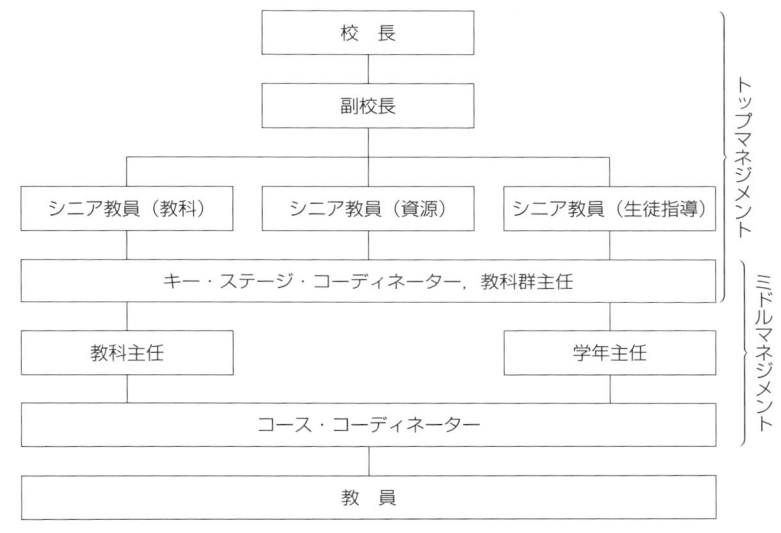

```
                    ┌─────────┐          ┐
                    │  校 長   │          │
                    └────┬────┘          │
                         │               │ トップマネジメント
                    ┌────┴────┐          │
                    │  副校長  │          │
                    └────┬────┘          │
         ┌───────────────┼───────────────┐│
    ┌────┴─────┐   ┌────┴─────┐   ┌────┴─────┐
    │シニア教員 │   │シニア教員 │   │シニア教員 │
    │（教科）  │   │（資源）  │   │（生徒指導）│
    └────┬─────┘   └────┬─────┘   └────┬─────┘┘
         └───────────────┼───────────────┘
              ┌──────────┴──────────────┐     ┐
              │キー・ステージ・コーディ   │     │
              │ネーター，教科群主任      │     │
              └──────────┬──────────────┘     │
         ┌───────────────┼───────────────┐    │ ミドルマネジメント
    ┌────┴─────┐                   ┌────┴─────┐│
    │ 教科主任 │                   │ 学年主任 ││
    └────┬─────┘                   └────┬─────┘│
         └───────────────┬───────────────┘    │
              ┌──────────┴──────────────┐     │
              │ コース・コーディネーター │     │
              └──────────┬──────────────┘     ┘
                    ┌────┴────┐
                    │  教 員  │
                    └─────────┘
```

図 8.1　イギリス中等学校の組織構造

出所：Fleming, P.（2000）*The Art of Middle Management in Secondary Schools: A Guide to Effective Subject and Team Leadership*, David Fulton Publishers, p.7 を参考に筆者作成。

教員とは，各校に1名以上おかれ，校長の任命により教務，財務，人事，地域連携など学校経営の特定の責任を負う教員のことで，学校経営手当も支給される（図8.1）。

このほか，近年では事務長（school business manager）もトップマネジメントを担い，予算・財務面に限らず学校経営の実務面のリーダーシップを期待される。また学校理事会との関係においても，図8.1の各職務や権限は決定される。キー・ステージ（KS）とは，ナショナル・カリキュラムに設けられた教育段階である。KS1（7歳），KS2（11歳），KS3（14歳）のそれぞれに，8段階（例外を含めると9段階）からなる学習到達目標のレベルが設定されている。

このような組織構造において，イギリス中等学校の教員は，学年より教科への帰属意識が強い。なお，イギリスの教科（subject）は，クロスカリキュラムとして学ばれる学際的な教育内容のものも含む。

校長，副校長，校長補佐が管理職（leadership group members）とされトップマネジメント(1)を担う。各種主任に関しては，1956年に教員の給与に関する労使交渉機構であるバーナム委員会（Burnham Committee）の勧告によって，公立中等学校の主任層教員に30％増の手当の加給が制度化された。しかし，あくまで給与法上の措置で，主任の設置を規定し，その職務内容や職務権限を規定する主任職そのものの法制化ではない。そのため，主任層教員は，一般教員と命令指示のライン関係を構成していない。主任はもち回り制ではなく，昇進によってしか就けないポストである(2)。

ミドルマネジメントのなかでは，教科主任の役割が最も重視されてきている(3)。教科主任とは各教科や課程・コースの主任をさす。教科次第だが，中等学校では一つの教科部会は4〜6名以上の教員で成る場合が多い。音楽など教科によっては部会が教科主任のみで構成されることもある。大規模校では複数の教科で教科群（faculty）がつくられ，教科群主任（head of faculty）がおかれ，その下に各教科主任が位置づく場合もある(4)。

組織の大規模化，生徒の多様化，教育目標や教授方法，カリキュラムの多様化のような中等学校の総合制化にともなう校内の変化は，教育上の問題と同様に組織上，経営上の問題を不可避に生じさせた。そこで校長の役割のあり方がまず問い直される。総合制化以前の校長は，教師の筆頭として権威主義的伝統をもってきたが，総合制化以降は，教科主任への権限委譲が志向される。

2 教科主任への新たな役割期待

総合制化以前の教科主任は，「唯一のスペシャリスト」と呼ばれるなど，部会の教員のなかでとくに有能な教科教員と認識されてきた。主に高等教育進学準備における教科指導に従事する者であった(5)。教科部会が複数教員から構成される場合でも，教科主任のもとで一つのチームとして働く考え方がなく，部会会議が開催されることもほとんどなかった。カリキュラムや教授方法，生徒のモチベーションや規律が部会全体で問われることもなかった(6)。各教員は，ほかから干渉されることなく自己完結的に教育活動を行い，教員の職務スタイ

表8.1 中等学校総合制化にともなう教科主任への新たな役割期待

①教職員のマネジメント	・教授組織の編成 ・部会教員の仕事の評価と職能成長の支援 ・部会教員人事への参加
②生徒のマネジメント	・学習集団の編成 ・学力の診断 ・学習状況の評価
③資源のマネジメント	・部会への適切な資源配分
④コミュニケーション	・部会内外の適切なコミュニケーションの促進

出所：Bailey, P. (1973) The Functions of Heads of Department in Comprehensive Schools, *Journal of Educational Administration and History*, Vol.5, No.1, p.53 を参考に筆者作成。

ルは個業的性格を有していた。

しかし，中等学校の総合制化を受けて，教職員，生徒，各資源に対する組織的・経営的対応が求められる[7]。教育の成否が組織上，経営上の問題解決に左右されるとされ，そのプロセスにおいて総合制化以前はほとんど可能または必要でなかったチームとしてのまとまりが教科部会に求められる。教科主任は，有能な教科教員として自身の教科を教えることに加えて，それまでの学校には萌芽的なかたちでしか存在しなかった組織やマネジメントに関する仕事に取り組まねばならなくなった[8]。

総合制化以前と比べて，教科主任は，①校長から多くの仕事を委譲され，②部会内の教員との関係で仕事を進めていくことが求められ，③自己の仕事に対する評価だけではなく，部会全体の仕事の成否を校長から問われるようになる。具体的には表8.1のような役割が新たに期待される。

学校経営における教科主任の役割が注目されてきたが，1980年代に入るまで上で見てきたような役割期待が十分に機能することはなかった。総合制中等学校の教育・組織目標は曖昧であり，時代的にも教育水準向上がそれほど求められていなかった。部会内の教員が有機的に結びつき組織的な対応を行っていく必要性がそれほどなく，従来の個業的な職務スタイルが継承されたことなどもその原因である。

その後，1970年代以降，学校をとりまく社会状況の変化にともない，学校に対して教授・学習活動の質的向上が求められ，教科主任のミドルとしての役割が再度問われることになる。

3 学校経営改革におけるミドルへの関心

イギリスの経済停滞を受けて，1970年代後半以降，教育水準向上が教育改革の目標とされ，その基本的枠組みが最終的に1988年教育改革法（Education Reform Act 1988）として法制化される。改革手法として学校の位置づけが見直され，ナショナル・カリキュラムや学校選択制，各学校に予算と人事の権限が移譲される「現場主義による学校の経営（Local Management of Schools: LMS）」[9]制度が導入された。

個々の学校は教授・学習活動に対するアカウンタビリティを要求され，教育水準向上を図る「変革の基礎単位」としての自律性を有することが期待される。学校に裁量・権限をもたせ自律性を期待する学校経営改革である学校自律化政

表8.2 1990年代後半以降の教科主任に関する施策

1998	・教科主任を対象に，教員研修機構（Teacher Training Agency：TTA）が「教科リーダー全国職能基準（National Standards for Subject Leaders）」を設定
2002	・校長・学校理事・教科主任を対象に，教育水準・効果性部局（SEU）の「キー・ステージ3（11〜14歳）に関する国家戦略」に，ガイダンス「キー・ステージ3カリキュラムのデザイン（Designing the Key Stage 3 Curriculum）」を提示
2002	・教科主任を対象に，同国家戦略にガイダンス「改善の保証：教科リーダーの役割（Securing Improvement: the Role of Subject Leaders）」を提示
2002	・教科主任を対象に，同国家戦略に研修プログラム「教科リーダー職能成長プログラム（Subject Leader Development Programme）」を提示
2003	・教科主任を対象に，全国スクールリーダーシップ・カレッジ（National College for School Leadership：NCSL）で10カ月間の研修プログラム「ミドルからのリード（Leading from the Middle）」を開始
2004	・校長・他のシニアマネジャー・教科主任を対象に，前掲国家戦略に「スクールリーダーのためのガイド（Guide for School Leaders）」を提示

出所：末松裕基（2006）「イギリス中等学校における教科主任の役割期待—カリキュラムマネジメントの視点から—」『日本教育経営学会紀要』第48号，70頁を一部加工して作成。

策が展開されるなか，それを可能とする学校組織・経営のあり方が政策的に問われることになる(10)。

　学校理事会および校長の経営責任を重くし，とくに校長には専門的な学校経営実務の能力と資質が求められるようになった。校長は学校全体の活動を調整していく広義の経営者（manager）としての手腕を要求されるようになり，資格・養成・研修体制が整えられる(11)。

　一方で，1980年代以降，教科主任をはじめミドルマネジャーの役割の重要性も指摘され注目される。1990年代以降に専門職基準の設定をはじめ，多くの施策が整えられる。教科主任は，教科指導領域のミドルマネジャー（academic middle manager）として位置づけられ，表8.2に示した施策が展開される(12)。

第2節　スクールミドル政策

1　スクールミドル政策の前提

　1980年代以降の学校経営改革によって，スクールミドルとして教科主任が位置づけられる。学校組織において教科部会レベルが教授・学習活動の質に直接的関係をもつと注目され，学校改善の主要な場と認識されたためである。校長などトップの役割が重視される一方で，生徒の学習経験とは直接的な関係をもたない層としてトップマネジメントが捉えられる。①教育のプロセスの中心に位置づき，②教授・学習活動に直接結びつき，③生徒の学習の成否は，個々の部会の計画，実施，評価の質にかかっているとして，ミドルマネジメントの役割の重要性が政策文書で指摘される(13)。

　また，1990年代から，各学校の学業成績の差を生み出す経営要因が何であるかについて，学校改善研究や学校効果性研究の調査が進められてきた(14)。同じような環境下の学校でも，教科主任の役割次第でその成否が大きく左右されていることが明らかになった。そこから，校長のリーダーシップ研究に加えて，教科主任の役割が重要な研究テーマとして位置づけられる。教科部会の効果が学校全体のパフォーマンス向上につながると見なされる。個々の部会のカ

リキュラムの計画，実施，評価に向けた，部会のチームとしての有能さが求められ，その確立のために，学校のいかなる要因よりも教科主任のダイナミズムやリーダーシップが重要視されるようになったのである。

また，ナショナル・カリキュラムが設定されたことにより，各教科の専門知識を有すミドルマネジャーへの期待が高まった。トップは管理運営や生徒指導上の意思決定は可能だが，教科領域や教授活動上の意思決定にはなかなか関与しづらい実態があった。そのうえ，1980年代以降は，学校に予算・人事権が移譲され，学校選択も導入された。校長らトップマネジャーは財務管理やマーケティング，PRなどを担うことが求められる。職務の複雑化を受けて，トップが教授・学習活動に関するすべての仕事を担うことが困難になってきたため，ミドルマネジャーが多くの学校でより重要な役割を担うようになったのである[15]。

2000年開設の全国スクールリーダーシップ・カレッジ（National College for School Leadership：NCSL）はスクールリーダーの質と供給に責任を負っている。「リーダーシップ開発枠組み（Leadership Development Framework）」によりスクールリーダーの全キャリアに渡るプログラムとスタンダードを提供し，任用前，任用時，任用後の研修を担う。NCSLではスクールリーダーシップの5つのキャリア・ラダーを準備している。

①リーダーシップ生成の段階（emergent leadership）：教師のリーダーシップを対象としたもので，マネジメントとリーダーシップの責任を担いはじめ，校長になりたいという意識を形成する段階，②経営スタッフとしてのリーダーシップ開発（established leadership）：校長をめざさない副校長，校長補佐を対象とし，経験豊かなリーダーであるが指導的立場を追求するつもりのない者，③トップマネジメント参加の段階（entry to leadership）：トップマネジメントに向けた準備とマネジメント・チームへの参加，④リーダーシップ高度化の段階（advanced leadership）：スクールリーダーとしての役割を成熟させ，経験を広げ，技能を最新のものにする段階，⑤コンサルタントとして活躍する段階（consultant leadership）：有能で経験豊かなリーダーが研修，メンタリング，査察などによって還元ができる段階で，2008年までに68名が認定され，困難校の学校改善

支援が期待されている(16)。

　ミドルマネジャーをめざすまでは，①のキャリア・イメージをもつことになる。ミドルマネジメントを担いながら，②～⑤を役割モデルとしたり，キャリア・イメージを描く際の参照とする。

2　スクールミドルの専門職基準
(1)　教科リーダー全国職能基準設定の背景

　1984年設置の教員養成課程審議会（Council for the Accreditation of Teacher Education: CATE）に代わって，1994年に教員研修機構（Teacher Training Agency：TTA）が設置された(17)。政府施策の実施を保証するための戦略的指示と公的資金配分の監督を行い，校長を含む包括的な教員政策を担当する非政府系公的機関である。1998年公表の3ヶ年事業計画において，教員養成，教員の教育活動，学校におけるリーダーシップの質を向上させること，また教職の地位と教職への敬意を高めることによる，学校の教育水準向上を目的に掲げている。

　TTAは，教育水準向上政策を進めていくためには，「生徒の学習に最大のインパクトをもつ教授活動とリーダーシップの質の改善に向けて，教員と校長の効果的かつ効率的な職能成長を促進すること」が重要としている。そして，「これらの礎石となるのが，教職において鍵となる役割に対する専門的力量（expertise）を定義する国家基準を開発することである」(18)としている。とくに各教科の学力を主眼とした教育水準向上がめざされ，学校ミドルのなかでも教科主任の役割が注目される。

　教科主任は，長年，head of department として「唯一のスペシャリスト」と呼ばれるなど，担当教科のなかで際立って教科の専門知識を有す者と認識されてきた。教科に関する専門知識や授業の巧拙でのみ，専門性が評価されてきた。しかし，学校の自律性確立が求められるようになって，教科部会を起点とした学校づくり，つまり，ミドルマネジメントのあり方次第でその学校の成否が左右すると捉えられるようになる。ここで初めて，教科主任自身がもつ，マ

ネジャーやリーダーとしての資質・能力が問われるようになった。

例えば，いくら個人技で数学の授業がうまくとも，それを若い教師に伝え，育てることができなかったり，そのための研修会を企画・運営できなければよい教科主任とは見なされないようになってきた。また，いくら数学科の運営がうまくいったとしても，その状況を学校全体の文脈に位置づけたり，学校全体の経営計画に反映できなければ成果とは見なされない。そのような変化が生じてきたのである。

経験や教科の専門知識を基準にして，ある教科の"頭"（かしら）（head）に位置づくだけでは，その役割は十分ではないと認識されるようになる。しかし，もともと職人気質で，特定の教科のプロとして自らを位置づけてきた者が，急にその部会のみならず，学校全体の経営を意識できるようになることに難があるのは容易に想像できる。そこで，まず教科の頭という認識を修正していく方向が政策的に取られていく。つまり，教科のリーダー（subject leader）ないしは，教科領域のミドルマネジャー（academic middle manager）という呼称を一般化させる。1998 年に TTA により『教科リーダー全国職能基準（National Standards for Subject Leaders）』[19] が設定され，制度的仕組みが準備された。

教科リーダー全国職能基準（以下，職能基準）において教科主任に対してマネジャーではなく，リーダーという名称が使われたのは，環境を分析し，より進取の気性に富む考えや行動を取り得るリーダーシップスタンス（pro-active leadership stance）を用いることができるようにとの意味合いが込められている[20]。

職能基準設定の背景を 2005 年に NCSL のリーダーシップ・プログラム副部長に筆者がインタビューで尋ねたところ，「そもそも設定すること自体に意味があった。それまでの教科主任の役割は，単に教員に対して参考書を買って提供するだけであったため」と答えていた。職能基準を設定するでもしないと，全国的にミドルマネジメントを強化することはまず難しいとの危機感があった。学校改善の成否の要因として，ミドルマネジメントのあり方が肝心となる。それが理論的にわかっても，特定の教科のプロとして自己研鑽した者が，特定領域のリーダーになれるとは限らないという問題認識である。そういった状況を

受けて，全国一律の設定に反対の声はあったものの，職能基準を開発して対応したのである[21]。

TTAは職能基準設定のねらいを「教科リーダーシップ（subject leadership）の鍵となる領域に関わる専門的知識，見識，技能，属性を提示する。国家基準は，教科リーダーシップの専門的力量を定義し，教科リーダーとしての効果性を高めることを目指す教員やこれから教科をリードする責任を担う教員の職能成長をガイドする」[22]と導入部分に示している。全学校に適用されるが，学校のタイプ，規模，状況に応じてそれぞれに適用・実施される必要があるとしている。例えば，小規模の初等学校では，校長等との役割関係を考慮して，職能基準の中から適宜，内容を選択することが必要なこと，また各々の教職経験や研修経験を考慮することとしている。TTAはこれまでに，教科主任のほかに，①正教員資格基準，②特別支援教育コーディネーターの専門職基準，③校長の専門職基準も開発・設定している。

(2) 教科リーダーの専門的知識とリーダーシップ

職能基準は，12頁・全5章（①教科リーダーの中心的役割，②教科リーダーシップによる主要成果，③専門的知識と見識，④技能と属性，⑤教科リーダーシップの主要領域）から構成されている。教科リーダーの中心的役割は，「質の高い教授活動，資源の効果的な活用，全生徒の学習・到達度の水準向上を確保するために，教科に対して専門的リーダーシップとマネジメントを提供すること」[23]としている。校長と学校理事が学校改善に対する全体的な責任を負う一方で，教科リーダーは，学校の方針や学校全体の教育実践の改善のために重要な役割を担う。同時に，個々の担当教科における教授・学習活動の高水準を確保することに責任を負うとしている。校長らトップに各教科のニーズを理解させ，教科に関する情報を学校全体に発信することも期待されている。教科リーダーに必要とされる専門的知識・見識15項目（表8.3）と技能21項目，属性8項目も挙げられている（表8.4）。

職能基準は，教科リーダーシップを4領域（A. 戦略的方向づけと教科カリキュラムの開発，B. 教授・学習活動，C. 教職員のリード・マネジメント，D. 教職員と資源

表 8.3　教科リーダーに必要とされる専門的知識・見識

a．学校教育目標，優先事項，達成目標，行動計画	h．教科指導による生徒の精神，モラル，社会，文化，メンタル，身体的発達の促進方法
b．教科と学校全体のカリキュラムの関係	
c．教科と生徒の到達度の評価，記録，報告に関する法的要求	i．人事，渉外，財務，変化の管理
	j．教科指導による生徒の社会生活に向けた機会，責任，経験の促進方法
d．教科に関する質の高い指導の特徴および教授・学習活動，生徒の到達度の高水準への改善・維持のための戦略	k．教科の教授・学習活動と教科経営のためのICT活用方法
e．教科に関する研究・査察の成果および地方・国・国際的動向の活用	l．学校理事会の役割とそれらの教科リーダーの仕事への寄与の可能性
f．ベンチマーク，改善に向けた達成目標設定のための，生徒の到達度や他データの活用方法	m．地方・国・国際的な政策動向
	n．教科における特別支援教育のあり方
	o．学校保健・安全
g．教科を通じた生徒の読み・書き・算およびICT能力の育成方法	

出所：TTA（1998）*National Standards for Subject Leaders*, p.6 を参考に筆者作成。

の効率的・効果的配分）に分け，各領域における役割を詳細に示している。また教科リーダーが効果的な役割を果たすためには，校長や理事会による経営方針などで，教科リーダーの責任領域が明確にされ，承認されることが必要としている。学校の意思決定やコミュニケーション，学校評価の位置づけや進め方によっても，教科リーダーの役割が左右されるとしている。そのうえで，教科リーダーとトップやほかの教職員との関係性によってもその役割のあり方が変わることを確認している。

　A．戦略的方向づけと教科カリキュラムの開発では，学校の教育目標や方針の文脈において，教科の方針，計画，達成目標を策定し，実践すべきであるとしている。高水準かつ効果的な教授・学習活動に向けた教科の方針と実践の展開を求めている。そのための風土づくり，計画・目標の実施状況の確認，教授・学習活動の評価，それらデータの活用などが挙げられている。

　B．教授・学習活動では，教科の効果的な指導を保証し，授業の質と生徒の到達度を評価し，改善へ向けた目標を設定するとしている。生徒の到達度の評

表8.4 教科リーダーに必要とされる技能・属性

a．リーダーシップ・スキル，属性，専門的職務遂行能力：共通目標に向けて人々をリード・マネジメントする能力	
1．明確な教科目標に向けたコミットメントの保証 2．優先事項の決定，計画，組織化 3．チームの一員として働くこと 4．人への敏感な対応，個々のニーズの把握，教科の到達度向上に向けた一貫したチーム・アプローチの保証 5．他者の経験，専門的力量，貢献の承認と活用	6．教科の教授・学習活動における生徒と教員のためのスタンダード設定と役割モデルの提供 7．責任・職務の適切な委譲 8．必要に応じた助言・支援の要求 9．役割遂行による信頼構築と専門的力量による他者への影響力 10．研究成果の活用 11．良い実践の他教科への提供と他教科からの良い実践の適用
b．意思決定スキル：問題解決と意思決定能力	
1．意思決定，相談，トップに譲るかの判断	2．情報分析・解釈 3．問題解決能力
c．コミュニケーション・スキル：物事の明確化と他者理解の能力	
1．校長，教職員，生徒，保護者，理事，外部機関，ビジネス・産業界も含めたコミュニティとの口答・文書による効果的コミュニケーション	2．効果的な交渉・相談 3．部会教員との関係および教員間における良好なコミュニケーションの保証 4．会議の効果的進行
d．自己管理：自己統制	
1．教科指導，教科経営，学校改善のバランスを取るための時間の効果的管理	2．難易度の高い専門的目標の設定と達成 3．自己の職能成長に責任を持つこと
e．属　性	
1．存在感　　　4．自　信　　　7．信頼性 2．適応力　　　5．熱　意　　　8．献　身 3．活　力，忍耐力　6．知　性	

出所：TTA（1998）*National Standards for Subject Leaders*, pp.7-8 を参考に筆者作成。

価，記録，報告とそれらデータの目標設定への活用なども挙げられている。

　C．教職員のリード・マネジメントでは，教科指導に関わるすべての者のモチベーションを維持し，教科指導に必要な支援，課題，情報，成長の機会を提供するとしている。具体的には，教職員と生徒の関係づくりの支援，チームワーク，相互支援，仕事の適切な委譲などによる，教員間の明確な役割期待と建

設的な職場関係の確立。そのほか，研修ニーズの把握や職能成長の支援，トップが教科部会の実態を理解できるように働きかけることなどが挙げられている。

D. 教職員と資源の効率的・効果的配分では，教科のための適切な資源の確認と，それらの効率的・効果的かつ安全な使用の保証が求められている。教科に必要なスタッフと資源を明らかにし，校長とシニアマネジャーに報告することや，校内人事についての校長への助言が挙げられている[24]。

3　スクールミドル政策の課題

　学校ミドルを対象とした研修「ミドルからのリード」が開始したあと，2005年に先のNCSL副部長に，校長と比べた場合の学校ミドルの役割の特殊性をインタビューで尋ねてみた。「基本的に大差はない。だが校長はもっと広い文脈で全体に対して責任を負っている」との認識であった。同研修プログラムを受講し，教科主任として中等学校で働いている教員にもインタビューを行った。「全国職能基準は，とても影響力がある」としつつも，彼が強調していたことは，「しかし，最低限従うべきことで，実際はそこで示されていること以上の役割があり，かつ必要である」ということであった。

　イギリスでは学校ミドルのなかでもとくに教科主任が注目され，関連施策が整えられてきた。そこでめざされていることは，まずは「いかに部会のチームづくりをするか」または「学校全体を視野に入れて働くことができるか」ということのようである。NCSL副部長は，スクールミドル政策の優先事項は「リーダーを育てること」と言っていた。トップとミドルの差や，各ミドルの役割の特殊性などはとくに考慮しないという認識である。職能基準はその名のとおり，あくまで「スタンダード」である。研修や職能成長の基準がなければ，教科主任の役割の開発は，場当たり的となり状況に右往左往する。教科指導や生徒指導の専門家としての教員から，マネジメントやリーダーシップを担う専門家への転換を教育政策としていかに進めるかに苦心した様子がうかがえる。

　1970年代後半までのイギリスでは，教育活動展開においては，個々の教師の専門的判断が尊重され，誰からも干渉されるものではないとされてきた。そ

のような実態は教師の裁量や自律性をめぐって「秘密の花園（secret garden）」と表現されてきた[25]。その自明視され「正統化された教師の専門職性（legitimated teacher professionalism）」[26]が問い直され，教師個人の裁量や個業性に委ねられてきた学校組織のあり方が変化してきた。意思決定機関としての学校理事会の役割を明確化するとともに[27]，校長らトップとミドルを執行機関のリーダーと位置づけていく。教育水準向上に向けて，学校経営における意思決定の考え方を大きく変化させてきた。

　一方で，イギリスのスクールミドル政策が依然としてミドルの役割を限定的に捉えているのも事実である。例えば，イギリスでは国が教育内容のみならず指導方法や細かい指導計画にまで介入しようとしている。それゆえ，自校独自のカリキュラムの問題として，テストに合わせてどのシラバスを選ぶかということがまずミドルに職務として求められるそうである。選んだシラバスに見合うだけの力量をもつように若い教師を育てたり，部会のチームワークを築くことがミドルの役割として期待されてもいる。

　1970年代までは部会に目標や方針がなく，個々の教員の判断や意識に委ねられていた教育活動は，ともすると，まとまりがなく成り行き管理がまかり通っていた。そういう意味では，ミドルが部会内のヨコの調整を行い，同一歩調や若い教師の指導力をあるレベルにまで引き上げることで，一定水準を確保することは有効かもしれない。しかし，ミドルの役割としては，そのような管理・維持の志向や，決められた枠に，チームや部会の理念を当てはめるだけではなく，自校独自の文脈や課題を生成する創造性が求められる。それが学校の自律性確立の第一歩であり，ミドルのリーダーシップとなっていくはずである。イギリスのスクールミドル政策に残された大きな課題は，そのような意味でのリーダーシップ機能であるといえる。

　2010年5月に誕生した保守党・自由民主党連立政権は，とくに教師の力量と質向上を強調し，そのための改革に取り組もうとしている。スクールリーダー研修の具体的な改善のあり方として，職能開発の先導的役割を優秀校に与えることにより，ティーチング・スクールという新たな全国ネットワークを構築

することも示している。さらにそのネットワークを通じて，より多くの学校群がミドルリーダーに関する独自の研修プログラムを開発することも期待している。これは中央集権的なプログラムよりも，コスト的にも有効であるとされている。今後，NCSLへの働きかけを行うことや校長の専門職基準改訂の予定も示されている[28]。スクールミドルの役割がどのように位置づけられていくか，今後も学校経営改革との関係において注目される。

第3節　スクールミドルの役割モデル

1　教育改革とスクールミドル

1980年代以降のイギリスの分権改革において，教育政策は学校組織に階層性と同僚性を同時に追い求めようとしている。ラインマネジメントやアカウンタビリティを強化する一方で，同僚性構築や共同的意思決定を求めたり，リーダーシップとフォロワーシップを期待する。スクールミドルに対してもそれらの役割が期待される訳だが，国による専門職基準などがミドルの意思決定に混乱を招いているとも指摘されてきた[29]。

一連の改革によって学校経営環境が複雑になるにつれて，ミドルマネジメントが子どもの福利（welfare）にあまり関われなくなってきており，アカウンタビリティを果たす手段となっていることも問題視されてきた。成果に対する政策サイドの期待が強くなればなるほど，トップとミドルの間に，またミドルとロワーの間に，それぞれコンフリクトが生じる可能性が指摘されてきた。学校経営がミドルとの相談なしに進んでいき，一方で，学校経営方針にたとえ同意していなくても，ミドルはその方針を部会に伝えていかざるを得ない。またトップに対して部会の意向を伝える位置にもミドルはいる[30]。

しかし，これは複雑で曖昧なミドルの役割の反映とも捉えられる。ミドルの役割のおもしろさや可能性もこの辺りに存在するといえる。学校経営におけるミドルの位置や実態はどのようになっているのであろうか。

ミドルマネジメントには，多くの疑問が提示されてきた。リーダーかマネジ

ャーか。リーダーであるならトップのリーダーシップとの関係はどのように位置づけられるのか。マネジャーなら，ミドルマネジメントは学校全体のマネジメントとどう関係するのか。具体的に担うべき役割は何か。ミドルは部会メンバーとトップのどちらにアカウンタビリティを負うのか。学校全体の意思決定に参加すべきか，単なる執行者として既に決定された方針に従うべきか。自律的な専門職集団の長として，同僚性構築のための役割を果たすべきかなどである。これらは学校を組織としてどのように概念化すべきかを問うている[31]。

　近年では他者による方針の遂行・管理という意味合いを想起させやすいミドルマネジャーよりも，学校改善の中核や原動力となるとして，ミドルリーダーという捉え方が多くなってきている[32]。

2　トップとミドルの緊張関係：チェンジ・エージェントとチームリーダー

　ミドルへの相談なしにトップの意思決定が頻繁に行われたり，学校全体のビジョン形成への貢献度を過小評価されているとミドル自身が感じていることが報告されている。ミドルが部会に肩入れすると，トップや全体から反発があり，全体に対応し過ぎると同僚性が崩壊することもある。トップとロワーをつなぐ役割はやりがいがあるが骨の折れる仕事であり，政治的なリーダー（political leader）としてのミドルの役割開発が必要と指摘されている[33]。

　一般に，ミドルは学校全体の方針をもとにミドルマネジメントレベルで何かを創造するよりも，トップの方針を部会に媒介することを選好するとされている。ミドルが何らかの課題を察知して，教授・学習活動上の戦略の変更を望む場合でも，トップの意向に添わない場合などは一層の緊張関係が生じることになる。また学校全体への貢献より，部会の業務遂行に専心したいと考えるミドルも多い。組織貢献という観点から見た場合，学校全体の方針作成や意思決定にどの程度役割を果たせるか定かではない。その学校が階層的な組織構造を取っているか，トップがどのような経営スタイルを取っているか，周囲の教職員がどのような期待を抱いているかも，ミドルの役割を条件づけることになる。

　このように考えると，ミドルは二重焦点（bifocal）のレンズを通して，学校

表 8.5 チェンジ・エージェントとチームリーダーの役割比較

技能・力量	①チェンジ・エージェント	②チームリーダー
目標設定	・トップの認識と期待に敏感 ・試験の目標設定で，国・地方の要求に注意を払う ・目標達成のためのリスク・テイク	・部会の方向性と目標設定 ・進んでリードし，同僚からの建設的な提案にはオープン
役割の詳細	・トップ，部会教員との効果的な連携 ・改革実施の鍵となる人物の特定，協働	・部会チームの鼓舞 ・他の教員の模範・役割モデル ・効果的なチームづくり ・誠実な行動 ・権限の委譲と効果的な会議の主宰
コミュニケーション	・部会内全教員との効果的なコミュニケーション ・取り組みの意味と個々人への影響の説明 ・部会教員との効果的な交渉	・他部門，トップ，保護者へのチーム代表としての行動 ・信頼の獲得とチームの自信の構築 ・他者のリーダーシップ開発の指導
交 渉	・部会へのアイデアの売り込み，ビジョンの伝達 ・必要な資源のための交渉 ・対立の解決 ・学校全体の組織変革のための交渉	・最大限の資源獲得 ・効果的な交渉・助言
トップや部会教員との関係	・学校内ミクロポリティクスのなかでの効果的な職務遂行 ・最終的な貢献を得るための，提案に反対しそうな部会教員への関与 ・部会内の狭い視野にこだわらない全体的視野	・意思決定，相談，トップに譲るべきタイミングの判断

出所：Turner, C. (2005) *How to Run Your Department Successfully*, Continuum International Publishing, pp.77-78 を参考に筆者作成。

を見ていく必要がある。学校全体のニーズへの認識を深めると同時に，部会のニーズを主張する者として行動する。または，学校全体の方針の実施・進捗を管理する役割を担う一方で，専門的判断にもとづいてミドルマネジメントにおける先見的な変革を導く[34]。トップや学校全体の定めた内容・方向性の遂行者としてのチェンジ・エージェント（change agent）でもあり，チームリーダーでもあるという役割区分である。どちらの役割に比重をおくかは，取り組み

の内容・対象によって決まることでもあるし，そのときの部会の状況にもよる。これらの役割は，明確に相反するというより，ミドルのあり方や学校での位置づけを考えるための視点となる。各役割の特徴をより詳細に示したのが表8.5である。

3　ミドルマネジメントの構造

スクールミドルの役割として，4つの側面が指摘されている。①トップの方針を個々の教室実践へと移す，②部会メンバーの集団としてのアイデンティティの確立，③部会メンバーと生徒の業績の改善，④学校内外との連携。これらは相補的かつ競合的であり，ミドルの役割の複雑さを反映している。

そのことに加えて，部会の構造や文化が多様なことから，個々のミドルにとっては，その役割がより骨の折れるものとなっていることが指摘されている。ミドルが担当する部会は，規模，構成，地位，資源，専門知識がそれぞれ異なる。同一の学校内であっても，個々のミドルに担われている役割は異なるものとなる。したがって，ミドルの役割を解明しようとするには，それぞれの部会の構造が，ミドルの役割にどのような影響を与えているかを考慮する必要がある。部会の構造を見る指標としては，①規模など組織構成，②部会教員の凝集性や同僚性の程度，③部会の学校内の地位，④リーダーとフォロワーの関係性や部会内外におけるパワーバランスの状態がある[35]。

第4節　スクールミドルの意思決定と役割認識

1　スクールミドルの役割環境

ミドルが，国・地方の施策をどのように捉えて対応するかで，役割の内容や部会メンバーとの関係性が決まってくる。教科主任のリーダーシップに影響を及ぼすのは，当人の教科の専門知識だけではなく，教育，社会，政治をめぐる価値観なども関係してくる。このことは，教科の専門知識のレベルが高いことが，リーダーシップの受容につながる訳ではないことを表している。

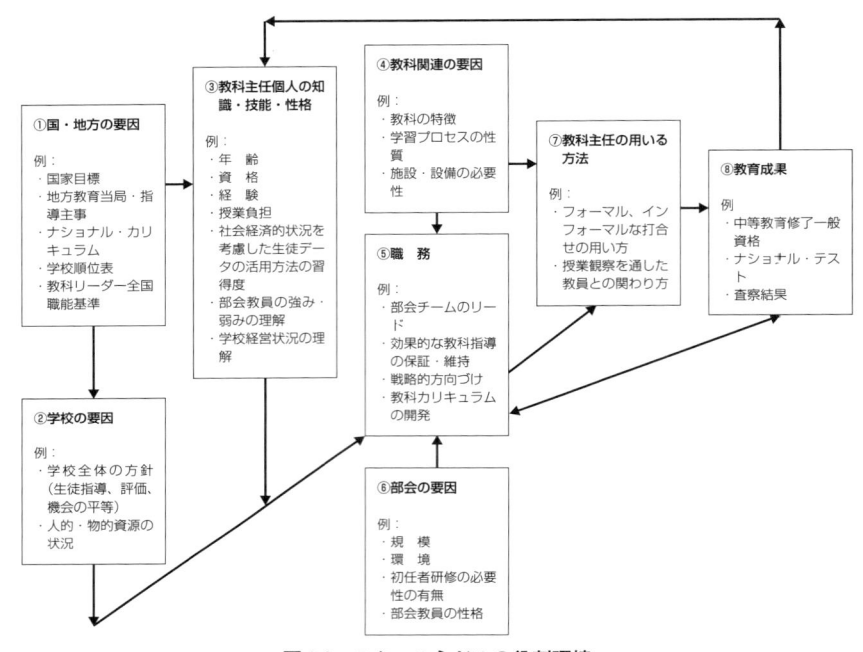

図 8.2 スクールミドルの役割環境

出所：Bolam, R. & Turner, R. (1999) The Management Role of Subject Department Heads in the Improvement of Teaching and Learning, in Bolam, R. & van Wieringen, F. (eds.), *Research on Educational Management in Europe*, Waxmann, p.258 を翻訳して作成。

　学校全体の意思決定へのミドルの関与について，学校によってはそれを支援・促進するシステムや環境がある。一方で，校長が，教科主任の役割を原則，教科の責任を果たすことのみと限定的に捉えている場合，ミドルレベルで学校全体のことを考えることはほとんどなく，学校全体の意思決定への参加はまず存在しない(36)。

　このように，スクールミドルの役割は，さまざまな影響から成り立っていることがわかる。図 8.2 はそれらの影響関係を表したものである。「③教科主任個人の知識・技能・性格」と合わさりながら，政策など「①国・地方の要因」や勤務校の方針など「②学校の要因」が，直接・間接に「⑤職務」に対して影

響を与えている。部会の規模や部会スタッフの状況など「⑥部会の要因」と担当教科の特徴などの「④教科関連の要因」は，直接，「⑤職務」に影響を及ぼす。さらに「④教科関連の要因」や「⑤職務」によって，「⑦教科主任の用いる方法」「⑧教育成果」がより直接的な影響を受ける。それとともに，それらは，「③教科主任個人の知識・技能・性格」に影響を与えることになる。

また32名の教科主任へのインタビュー調査では，次の点がミドルの役割上の課題として認識されていた。①職務遂行の時間が足りず，教育活動の振り返りなどの時間が十分に取れない，②職能成長のための時間と予算が少ない。また，学校全体のためではなく，担当部会向けの研修時間が以前は確保されていたがなくなってきた，③校長などトップリーダーのビジョンを欠いている。ビジョンが示されたとしても，トップダウンで示されることが多い。またトップマネジメントや理事，外部機関によって，教科主任のビジョンと専門的判断が重視されない，④数多くの比較的重要でない意思決定をせざるを得ない一方で，より重要な意思決定には十分に関われずに，他方でその遂行には責任を負わざるを得ないなどである[37]。

2 スクールミドルの職務の優先事項

分権改革以前は，授業観察などにより，同僚教員の教育活動のモニタリングや評価を実施する役割は，教科主任に受け入れられていなかった。一方で，1988年以降は，勤務評定による業績管理や学校査察など，教育改革がミドルの態度と実践を変化させてきた。表8.6は，1988年以降におけるミドルの職務の優先事項を222名の教科主任に尋ねたものである。「同僚の職務遂行の評価・監督」が12項目中4位になっている。学校改善やアカウンタビリティなどの政策が浸透した結果といえる。

「教科指導」が依然1位に挙げられる一方で，「カリキュラム開発」（2位）や「学校方針の実施」（3位）と組織的発想や経営的な視野がもたれていることがわかる。そのほか，「学校改善計画への貢献」（6位），「校内研修」（8位）など，従来はそれほど重視されていなかった役割が，ミドルマネジャーの職務

表 8.6 ミドルの職務の優先事項

順位	役割	平均順位
1	教科指導	2.56
2	カリキュラム開発	3.47
3	学校方針の実施	5.40
4	同僚の職務遂行の評価・監督	5.42
5	生徒の成績管理	5.76
6	学校改善計画への貢献	6.78
7	財務管理	7.12
8	校内研修	7.13
9	生徒の成績評価方法の調整・監督	7.27
10	物品管理	7.63
11	施設管理	9.48
12	外部機関との連携	9.60

出所：Wise, C. & Bush, T. (1999) From Teacher to Manager: The Role of the Academic Middle Manager in Secondary Schools, *Educational Research*, Vol.41, No.2, p.190 を翻訳して作成。

と捉えられてきている。その一方で，「外部機関との連携」が 12 位と最下位になっており，「物品管理」(10 位)，「施設管理」(11 位) よりも低く位置づけられている。

表 8.7 は，部会教員，トップ，生徒，教育委員会や査察官，教職員，教科連盟，保護者，理事会のうち，誰がミドルの意思決定に影響を与えるかを教科主任 222 名に尋ねた結果である。意思決定の領域は，①カリキュラム開発，②物品など資源配分，③校内研修，④生徒指導に分かれている。部会教員が最も影響力をもっていることがわかる。それぞれ，① 52.4％，② 68.5％，③ 64.8％，④ 49.3％となっており，とくに，資源管理，校内研修にその傾向が見られる。次いで影響力をもっているのが，校長らトップである。① 15.1％，② 15.5％，③ 27.9％，④ 28.1％と，校内研修や生徒指導に関わる事項で比較的数値が高い。そのほか，保護者や理事会はほとんど影響力をもっておらず，理事会にいたっては全項目 0％である。

表 8.7　ミドルの意思決定への影響

(単位：%)

	①カリキュラム開発	②物品など資源配分	③校内研修	④生徒指導	計
部会教員	52.4	68.5	64.8	49.3	58.8
トップ	15.1	15.5	27.9	28.1	21.7
生　徒	10.4	4.6	0.5	6.5	5.5
教育委員会や査察官	9.4	1.4	1.8	0	3.2
教職員	2.4	0.9	0.5	7.8	2.9
教科連盟	3.8	3.2	0.5	0	1.9
保護者	0	0.5	0	1.8	0.6
理事会	0	0	0	0	0

出所：Wise, C. & Bush, T. (1999) From Teacher to Manager: The Role of the Academic Middle Manager in Secondary Schools, *Educational Research*, Vol.41, No.2, p.187 を翻訳して作成。

3　スクールミドルの役割認識

　校長らトップは，ミドルの役割をどのように捉えているのだろうか。校長24名を対象に行われた調査では，ミドルを学校改革を進めていく変革の主体と捉えている者は少なく（24名中3名），校長などが決めた方針を遂行していく者との位置づけが大半であった（24名中21名）[38]。教職員にもミドルの役割の重要性は認識されてきているが，その役割の曖昧さや多様性に起因して，ミドルの地位や権限に対して依然，賛否を含むさまざまな見方がある[39]。

　1988年以前は，多くの教科主任は自分自身の役割について，ほかの教員に責任を負い，リーダーシップを取る地位にいると見なしていなかった。また，カリキュラムリーダー，学校改善の当事者，校内研修の担い手，担当部会の評価の責任者という役割をほとんど受け入れていなかった[40]。

　1988年以降はナショナル・カリキュラムの導入により，部会全体の方針とナショナル・カリキュラムの要求内容の調整や，校内研修の組織化が求められる。また学校順位表，学校選択の自由化，入学者数に応じた予算配分の導入により，水準維持のための教員の教育活動の評価や進捗管理，学校査察に向けた

表 8.8 ミドルの役割認識―校長と教科主任の比較

(単位：%)

	役　割	校長	教科主任	差
①教科領域	各教科活動と生徒の実態の調和	97.9	96.3	1.6
	カリキュラムの目標・内容の開発	97.9	94.0	3.9
	教授方法と部会・学校方針の調和	97.9	93.5	4.4
	学年間の継続性の保証	85.1	75.6	9.5
	平　均	94.7	89.9	4.9
②管理・事務業務	指導計画，成績，会議等の記録管理	97.9	92.6	5.3
	物品購入の決定	100.0	94.0	6.0
	教員室の環境整備と物品配置	95.7	81.6	14.1
	物品管理	97.9	81.1	16.8
	平　均	97.9	87.3	10.6
③経営領域	部会教員の授業の評価・監督	95.7	91.7	4.0
	初任者研修	93.6	88.0	5.6
	学校課題の部会教員への伝達および議論の促進	97.9	90.3	7.6
	部会教員の職能開発	97.9	88.9	9.0
	平　均	96.3	89.7	6.6
④教育領域	シラバスや指導計画による授業の進捗状況の評価・監督	100.0	91.7	8.3
	学業到達度の測定	97.9	86.6	11.3
	学習集団の編成	100.0	83.4	16.6
	宿題に関する計画・方針の遂行	100.0	80.2	19.8
	平　均	99.5	85.5	14.0

出所：Wise, C. & Bush, T. (1999) From Teacher to Manager: The Role of the Academic Middle Manager in Secondary Schools, *Educational Research*, Vol.41, No.2, pp.191-193 を参考に筆者作成。

書類作成などがミドルに期待される。

　1988年以降のミドルの役割について，47名の校長，222名の教科主任を対象に実施された調査（インタビューと事例研究）から[41]，ミドルの役割に対する認識を比較してみたい。表8.8は，学校経営における各事項に対して，ミドルの役割として当てはまるかどうかを校長と教科主任にそれぞれ尋ねたものである。1項目（「学年間の継続性の保証」教科主任75.6％）を除き，いずれも80％

を超えている。各事項がミドルの役割として認識されていることがわかる。校長と教科主任の間にもおよその共通理解が見られる。

とくに「③経営領域」に関しては，1988 年以前は教科主任にその役割がそれほど認識されていなかったことをふまえると大きな変化である。「③経営領域」は「部会教員の授業の評価・監督」「初任者研修」「学校課題の部会教員への伝達および議論の促進」「部会教員の職能開発」と，すべて対同僚教員に関わる内容である。教科主任の認識が平均 89.7％となっており，分権改革など外部環境の変化により，大きく役割変容があったことが認められる。1988 年以前は同僚教員の業務遂行の評価を教科主任が忌避していたが，同僚教員の職務遂行に責任を負いはじめたことがわかる。事例からは，同僚に手ほどきをしたり，彼らの職能成長において指導的役割を担うことへの理解が見られた。一方で，教員とマネジャーという二重の役割は，時間の余裕や，追加的な資源がないと持続が難しいということも述べられている。

「②管理・事務業務」に関わって，教科主任の認識は「物品購入の決定」が 94.0％である一方で，「教員室の環境整備と物品配置」81.6％，「物品管理」81.1％と全事項のなかでも少し低くなっている。1988 年以前は，教科主任の主な仕事が物品管理などであったことをふまえると，変化が見られる。

校長は「②管理・事務業務」平均 97.9％，「④教育領域」平均 99.5％とそれぞれについて，依然として教科主任の役割を重視しているが，教科主任は「②管理・事務業務」87.3％，「④教育領域」85.5％と校長に比べてやや低く位置づけており，他項目よりも認識の差がある。いずれにしても，イギリスでミドルマネジメントが受容され，教科主任の役割が教員からマネジャーへ移行しつつあることがわかる。

第 5 節　アイロニストとしてのスクールミドルの可能性

1　学校経営改革の意図せざる結果

教育水準向上を目指した 1980 年代以降のイギリス学校自律化政策（学校に裁

量・権限を持たせ自律性を期待する学校経営改革）は，単純に学校に自律性を担保するものではない。「政策は分権化推進や官僚的形式主義をやめることで，学校により自由を与えようとしているが，多くの校長や教員は，より一層の官僚主義を感じている」[42]と，改革当初の意図とは異なり，学校が疲弊する結果を招いてきたともいわれている。

その構造的原因として，改革が，学校が対処すべき問題を新たに生み出しさらなる課題を学校にもたらし，他方で，期待された成果が表れないことに対して，新たな改革が求められ，学校にとっては非現実的な改革となっていく仕組みがつくられた（図8.3）。このことから，一見，教育にかかわる裁量を学校に渡すように見える改革であっても，学校がカリキュラムや教育に関する足場を失ったとも指摘されている[43]。

一方で，多くの教師が改革に対して自らの実践を積極的に発展させ，創造的対応を行っているのも事実である。改革を完全に支持する，あるいは完全に拒否する校長や教員はごくわずかで，ほとんどが，従来の実践を改革の期待に沿うように修正している。または，例えば，ナショナル・カリキュラムを受け入れながらも，徐々に自分の価値観に合うように授業をつくっていくなど，現在の政策をうまく取り込んで従来の実践を大きく変更せずに済ませているし，自らの教育観や教育実践の価値基準に根本的な変更をもたらすことなしに，改革と向き合っている。

改革に対する教師の対応の仕方が検討されるなかで，教師の専門職性の新たなかたちとして「民主主義的な専門職性」が提唱され，教職に内向きの専門職像を，ほかのアクターやコミュニティに開くことがめざされてきた[44]。そのこと自体は望ましいことだが，政治的文脈や言説に取り込まれる可能性が高いため問題が残る。

1960年代以降は，個々の教員が教育に関する意思決定の裁量・権限を持ち，自律性が保証されてきた。しかし，とくに1990年代以降は，学校をめぐる中心的課題が「経営」をめぐるものとなった。それらは政治や政策が主導したものである。これ以降，教職員は教育に関する自律性の基盤を失うことになる。

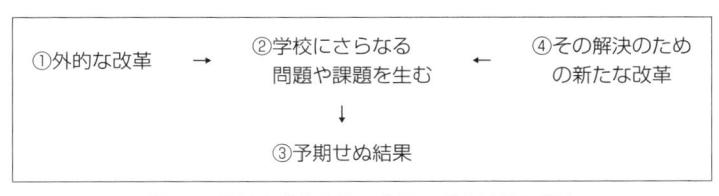

```
①外的な改革  →  ②学校にさらなる      ←  ④その解決のため
                  問題や課題を生む              の新たな改革
                      ↓
                  ③予期せぬ結果
```

図 8.3　学校自律化政策の意図せざる結果の構造
出所：末松裕基（2011）「イギリス学校自律化政策分析におけるアイロニック・アプローチの可能性－E. ホイルと M. ウォーレスによる『皮肉』の視点の検討－」『学校経営研究』（大塚学校経営研究会）第 36 巻，86 頁を一部加工して作成．

内向きの専門職像を開くだけでは，学校における教育の自律性が保証されるかはわからない。逆に，政治体制や政治的言説の保持・強化を図ることにもなりかねない。1990年代以降は教育の自律性を軸にした学校経営が容易ではなくなってきたため，1960年代のように，学校に基礎を置くカリキュラム開発（School-Based Curriculum Development: SBCD）のようなかたちで，学校の自律性を追求することが難しくなった。

2　学校経営環境の複雑化への実践的対応

　改革の問題は，教職員の役割を過小評価し，個別学校の裁量を制限している点である。一方で，多くの教職員は，改革を全面的に否定している訳でもなく，公然と抵抗している訳でもない。個々の生徒のニーズに見合うように，政策を解釈・修正しようと試みている。忠実に従っても機能しない政策には，一定の原則にもとづいて向き合い，政策の意図しない結果に対応している。教職員は政策に懐疑的でありつつも，政策実施においてはプラグマティックにアプローチし，状況に応じている。矛盾をもつ改革により，最前線の実践家は困難に向かわざるを得ない場合も多いが，その困難や外圧とともに生きている姿を描くことができる。その背景には，教育界で革命家の誕生のようなものが一方で待望されるものの，今ではそのようなラジカルな改革が期待できないとの認識がある。そのため，より節度ある意思決定やより節度あるリーダーシップとマネジメントによって，教師の教授活動の自由を促進し，教育を改善していくこと

が問題解決の鍵になるといえる。

　学校という特殊な場において，教職員が一定の満足や楽観を維持できるのはこのような懐疑的でありつつも柔軟なアイロニック（ironic）な志向をもっているからだ。楽観主義者としてのアイロニスト（ironist）のよいところは，状況的矛盾に対して，それらを除くことを望まずに，快適に生きていけることである。社会のラジカルな変革の希望はもたないが，生徒のために，自分たちには少しずつでも学校を改善していく能力があるという自信によって楽観的でいることを可能としている[45]。矛盾した外的要求に対処するだけではなく，主体的に活動を組み立て，実践しているかどうかが問われる。

3　アイロニストとしてのスクールミドル

　政策や学校内の制約下において既存の支配的な目標・手段を変革する試み，これを担っていけるのが，政策の矛盾や政策—実践の乖離を認識しているアイロニストであり，こういう役割こそが注目されるべきである[46]。学校自律化政策の影響下にあっては，改革からの脱却をめざすだけでは現実味がない。また常に新たなアイデアや情報を発信する変革型のミドル像を理想として提唱することも，学校経営環境の複雑化により難しくなってきた。このようななかにあって，学校の現実に沿って，困難な状況を克服するうえで，アイロニストになり得るスクールミドルに期待するところは大きい。こうしたミドルの主体性や可能性を考えていくと，アイロニストを活かす学校経営こそが，実態に即した現場主義の学校づくりとなるはずである。

　アイロニストとしてのミドルは一定の主義・原則にもとづき，離脱や抵抗もせず，政策や自校の文脈に正面から向き合う。この過程おいて，教職員の間で改革目標や手段に同意はなくとも，「教授活動を行っている特定の状況で，生徒のために最善を尽くす」ことを職場の共通の原則とすることができる。また実践と政策期待の間の一貫性を表面的であれつくろうことで，政策が実際的なものになるように変革することができる。ただし，このような立場は，現状肯定主義や現実に対してシニカルに向き合うのでは決してない。

表 8.9　アイロニストとしてのスクールミドルの特徴

・専門的実践の偶有性を認める。
・最初のうちは理論的知識に懐疑的である。
・問題解決にはプラグマティックなアプローチを用いる。
・理論、経験、直観、常識を結合させて問題解決を図る。
・どの実践が成功し、していないかをふり返る必要性を認識している。

出所：Hoyle, E. & Wallace, M. (2005) *Educational Leadership: Ambiguity, Professionals & Managerialism*, SAGE Publications Ltd, pp.167-168.

　意図せざる結果のような「皮肉」に対して「皮肉」で応じるのがアイロニストとしてのミドルである。外的要求を誠実さをもって修正しつつ、表面上は公式の期待に応じることによって、曖昧さ、ジレンマ、プレッシャーに対処する。アカウンタビリティの要求は表面的に満たし、一方で改革のインパクトを和らげる。教職員にとっては、このようなミドルによるアイロニックな志向は、政府による改革目標・手段とは調和しない自らの教育的信条を維持することにもつながる。また管理・経営業務が増え続ける一方で、教育的役割を遂行するための方法ともなる。

　旧来の専門職の一般的イメージは、高度の専門的知識にもとづき問題解決をする倫理的な実践家であった。それとは対照的に、アイロニックな志向を有すミドルは、表 8.9 のような特徴をもつ。政治的実験に懐疑的でありつつも、自ら掲げた課題を成し遂げようとし、現場主義の可能性に楽観的でいることがよく表されている。ラジカルな変革の神話を信じる者は学校には少なく、教職員はより限定的・局所的な、しかし満足が得られる改革を求めて働いている。急激な改革が目の前にあっても、政治的実験を避けることができるなどの希望はもたずに、アイロニックな志向やユーモアをもちつつ実践していくことが学校づくりにとっては重要である。

　学校経営環境がますます複雑になるなか、そのような状況を単純化し、ヒーローのようなリーダー像を想定するのは危険であり、現実味がない。改革による矛盾した要求のなかで、学校はバランスを取るための可能なかぎりの取り組みを行っている。そのような困難な状況にもかかわらず、アイロニックな志向

により政策を解釈・修正し、各々の教育的信条や働き方を放棄せずに取り組んでいくこと、また、ただ単に改革に対してバランスを取るだけではなく、その改革から現実逃避せずに、専門的価値観にもとづいて学校の状況に応じた納得のいく改革や実践の可能性を探っていくこと、これらにこそアイロニスとしてのスクールミドルの真骨頂があるのではないだろうか。　　　【末松　裕基】

注
（1）イギリスでは、トップマネジメントを担う者をシニアマネジャー（senior manager）やシニアマネジメント・チームと呼ぶことが多い。
（2）高野桂一（1980）『比較経営論』（学校経営の科学6）明治図書出版、314-316頁。
（3）学校ミドルのなかで、生徒指導主任や学年主任などではなく、教科主任が注目されるのは、イギリスに限らず世界各国でよく見られる傾向である。例えば、イギリスでは、その理由が次のように説明されている。「生徒指導スタッフは、学習を活性化するであろう学校内の風土をつくることができるが、一方で生徒の学習プログラムの計画、実施、評価に対する責任は、確固として教科部会におかれている」（HMI（1984）*Departmental Organisation in Secondary Schools*, Occasional Paper, Welsh Office, pp.2-3）。ただし、「教科」「学年」「生徒指導」「特別支援教育」など、ミドルマネジャーの担当領域や責任範囲によって、どのように役割が変わりうるかは一つの研究テーマとなる。例えば、Harvey, J. & Beauchamp, G.（2005）"What We're Doing, We Do Musically": Leading and Managing Music in Secondary Schools, *Educational Management Administration & Leadership*, Vol.33, No.1, pp.51-67を参照。一方で、特定領域の学校ミドル論からも、他領域を考える視点や示唆を多く得られる。ここでは主に教科主任をめぐる議論を対象とし、以下、スクールミドルという場合、イギリスで最も注目され議論の中心である教科主任を表し、部会という場合、教科部会を指す。
（4）以下、基本的には中等学校を対象に論じるが、学級担任制のイギリス初等学校でも、各教科主任が任命される。それぞれがカリキュラム・コーディネーターと呼ばれることが多く、中等学校と同様にミドルマネジャーとしての役割が期待される。
（5）Earley, P. & Fletcher-Campbell, F.（1989）*The Time to Manage?: Department and Faculty Heads at Work*, The NFER-NELSON, pp.5-6.
（6）Ribbins, P.（1986）Subject Heads in Secondary Schools: Concepts and Contexts, in Moore, R.（ed.）, *Staff Development in the Secondary School: Management Perspectives*, Croom Helm, p.114.
（7）詳しくは、末松裕基（2009）「イギリスにおける教育課程経営に関する研究－教科主任の役割に着目して－」『教育経営研究』（上越教育経営研究会）第15号、118-126頁を参照。

（8） Bailey, P. (1973) The Functions of Heads of Department in Comprehensive Schools, *Journal of Educational Administration and History*, Vol.5, No.1, pp.52-58. そのほか，高野桂一（1975）「イギリスの学校経営の基本問題〈1～3〉」『学校運営研究』第14巻第1～3号，明治図書出版，125-131，125-131，123-130頁／水本徳明（1988）「イギリスの学校経営における主任の役割」『季刊教育法』エイデル研究所，第74号，33-36頁も参照。
（9） ここでのlocalは「地域」という意味ではなく，「個別現場の」学校に経営の責任が課されたことを意味している。
（10） 詳しくは，末松裕基（2012a）「イギリスの学校経営」佐藤博志・鞍馬裕美・末松裕基『学校経営の国際的探究―イギリス・アメリカ・日本』酒井書店，1-33頁を参照。
（11） 詳しくは，末松裕基（2012b）「ヨーロッパにおけるスクールリーダーシップ開発の動向」『上越教育大学研究紀要』第31巻，83-93頁を参照。
（12） 詳しくは，末松裕基（2006）「イギリス中等学校における教科主任の役割期待―カリキュラムマネジメントの視点から―」『日本教育経営学会紀要』第48号，68-83頁を参照。
（13） HMI（1984），*op cit.*, p.21.
（14） Sammons, P., Thomas, S. & Mortimore, P.（1997）*Forging Links: Effective Schools and Effective Departments*, Paul Chapman Publishing Ltd.
（15） 末松（2006），前掲論文，71-73頁。
（16） OECD（2008）*Improving School Leadership, Volume 1: Policy and Practice*, p.127（有本昌弘監訳（2009）『スクールリーダーシップ―教職改革のための政策と実践』明石書店，197-199頁）．
（17） 2005年よりTDA（Training and Development Agency for Schools）とその役割を拡大。
（18） TTA（1998）*National Standards for Subject Leaders*, p.1.
（19） 次から入手可能。http://www.all-london.org.uk/Resources/subject_leader_standards.pdf#search='National Standards for Subject Leaders.'，(accessed 2012-03-31).
（20） Hammersley-Fletcher, L.（2002）Becoming a Subject Leader: What's in a Name? Subject Leadership in English Primary Schools, *School Leadership & Management*, Vol.22, No.4, p.408.
（21） 末松裕基（2009）「外国のスクールミドル②」『月刊高校教育』学事出版，第42巻第8号，82-85頁。
（22） TTA（1998），*op cit.*, p.3.
（23） *Ibid.*, p.4.
（24） *Ibid.*, pp.9-12.
（25） 荒木廣（1987）「イギリスの教育課程経営の動向」日本教育経営学会編『教育経営の国際動向』（講座日本の教育経営8）ぎょうせい，305頁。
（26） デーヴィット・ハルピン（2008）「不確実性の時代における教師の専門職性―折衷的で

プラグマティックな教師アイデンティティの出現―」(訳：勝野正章) 久冨善之編著『教師の専門性とアイデンティティ―教育改革時代の国際比較調査と国際シンポジウムから』勁草書房, 252頁.
(27) 詳しくは, 末松裕基 (2012c)「イギリスにおける学校経営参加制度の到達点と課題」『日本学習社会学会年報』第8号 (2012年9月発行予定) を参照.
(28) 詳しくは, 末松 (2012a), 前掲書, 24-27頁を参照.
(29) Bennett, N. (1999) Middle Management in Secondary Schools: Introduction, *School Leadership & Management*, Vol.19, No.3, pp.289-292.
(30) Turner, C. (2005) *How to Run Your Department Successfully*, Continuum International Publishing, p.71, 75. また, イギリス学校経営改革におけるミドルマネジメントの意義と課題を, 公式―同僚性モデルという組織論の視点から考察している, 織田泰幸 (2002)「学校組織におけるミドルマネジメントに関する考察―イギリスの自律的学校経営におけるミドルの位置―」『教育学研究紀要』(中国四国教育学会) 第48巻第1部, 422-427頁も参照.
(31) Bennett (1999), *op cit.*, p.289.
(32) Earley, P. & Weindling, D. (2004) *Understanding School Leadership*, Paul Chapman Publishing Ltd, pp.111-123.
(33) Turner (2005), *op cit.*, p.19.
(34) *Ibid.*, p.76, 189.
(35) Busher, H. & Harris, A. (1999) Leadership of School Subject Areas: Tensions and Dimensions of Managing in the Middle, *School Leadership & Management*, Vol.19, No.3, pp.307-309.
(36) Brown, M., Boyle, B. & Boyle, T. (1999) Commonalities between Perception and Practice in Models of School Decision-Making in Secondary Schools, *School Leadership & Management*, Vol.19, No.3, pp.319-330.
(37) Brown, M., Rutherford, D. & Boyle, B. (2000) Leadership for School Improvement: The Role of the Head of Department in UK Secondary Schools, *School Effectiveness and School Improvement*, Vol.11, No.2, pp.250-251.
(38) Glover, D. & Miller, D. (1999) As Others See Us: Senior Management and Subject Staff Perceptions of The Work Effectiveness of Subject Leaders in Secondary Schools, *School Leadership & Management*, Vol.19, No.3, pp.331-344.
(39) Busher & Harris (1999), *op cit.*, pp.314-315.
(40) Earley & Fletcher-Campbell (1989), *op cit.*, pp.192-193.
(41) Wise, C. & Bush, T. (1999) From Teacher to Manager: The Role of the Academic Middle Manager in Secondary Schools, *Educational Research*, Vol.41, No.2, pp.183-195.
(42) Hoyle, E. & Wallace, M. (2005) *Educational Leadership: Ambiguity, Professionals &*

Managerialism, SAGE Publications Ltd., p.7.
(43) Whitty, G., Power, S. & Halpin, D. (1998) *Devolution and Choice in Education: the School, the State and the Market*, Open University Press, p.39(熊田聰子訳(2000)『教育における分権と選択－学校・国家・市場』学文社，61頁).
(44) ジェフ・ウィッティ・エマ・ウィズビー(2008)「近年の教育改革を超えて－民主主義的な専門職性に向けて－」(訳：松田洋介)久冨，前掲書，200-205頁。
(45) Hoyle & Wallace (2005), *op cit.*, pp.197-198.
(46) 詳しくは，末松裕基(2011)「イギリス学校自律化政策分析におけるアイロニック・アプローチの可能性－E.ホイルとM.ウォーレスによる『皮肉』の視点の検討－」『学校経営研究』(大塚学校経営研究会)第36巻，75-97頁を参照。

索　引

あ

アイロニスト　　177, 180-182
新しい同僚　　127
新たな職　　21, 28, 34, 42
暗黙知　　119
イギリスのスクールミドル　　72
意識変容の学び　　125
意思決定　　136, 137, 139, 144-146, 148, 150, 160, 164, 165, 167-175, 178, 179
エリクソン　　97, 114
岡本祐子　　87, 103, 117
大人と子どもの歯車モデル　　130

か

階層性　　168
学習する組織　　120
学習生活支援コーディネータ　　25, 27
家族発達論　　87
学校改善に関する国際プロジェクト　　135
学校経営改革　　140, 151, 152, 158, 159, 168, 177
学校経営環境　　168, 179, 181
学校経営のスタイル　　31
学校事務　　36-38
　　──の変化　　36
　　──ミドル　　35
学校自律化政策　　158, 177, 179
学校に基礎を置くカリキュラム開発　　179
学校の自律性　　136, 146, 150, 161, 167
学校ミドル　　161, 166, 182
学校理事会　　137, 138, 155, 159, 164, 167
金井壽宏　　101
カリキュラム・コーディネーター　　182
河合隼雄　　84, 100
危機的移行　　95, 101
キャリア・アンカー　　101
キャリア・サバイバル　　105
キャリア全体シート　　107
キャリア中年期シート　　107
キャリア・デザイン　　100
キャリア発達論　　90
教育的バイオグラフィ　　116
教員年齢構成　　14
教科のリーダー　　162

教科リーダー　　158, 163-165
　　──シップ　　163
　　──全国職能基準　　158, 161, 162, 172
教頭　　24
　　──の多忙化　　33
経営空間　　61
形式知　　122
現場主義による学校の経営　　158
合議制　　146
校長のリーダーシップ　　138, 146, 148, 159
「個としての発達」と「かかわりの中での発達」　　118
個別知　　74

さ

サンドイッチ世代　　89
実践コミュニティ　　123
実践と省察　　118
指導教諭　　21, 22, 25
指導主事　　25
シニアマネジメント・チーム　　182
シニアマネジャー　　158, 166, 182
事務主任　　36
事務長　　37
シャイン　　96, 105
主幹　　30
　　──教諭　　21, 22
授業研究　　120
主任　　31
　　──制　　28, 29
　　　　──の見直し　　30
　　──の本質的機能　　47
　　──の役割　　45
生涯発達（理）論　　85, 114
省察的実践者　　118
ショーン　　119
職員会議　　138
人生半ばの過渡期　　86, 111, 116
人生の正午　　84
スクールミドル　　40, 134, 140, 154
　　──育成　　59
　　──研究　　46
　　──政策　　145, 159, 166, 167
　　　　──の前提　　159

――の問題　20
　　――論　44
スクールリーダー　57, 135, 136, 158, 160, 167
　　――教育　56
スクールリーダーシップ　134, 135, 147, 151, 160
　　――シップ改善プロジェクト　134, 139
　　――の分散　135
　　――のヨーロッパ化　135
　　――専門職基準　59
進む教員の高齢化　18
成熟と危機のアンビバレントな時期　85
成人学習論　60
「世代継承」のサイクル　117
世代性　114
全国スクールリーダーシップ・カレッジ　158, 160
専門職　139
　　――型ミドル　25
　　――基準　135, 140, 145, 150, 151, 159, 161, 163, 168
組織知　75

た

大学院知　57, 58
ダブル・ループの学習　125
チェンジ・エージェント　169, 170
チームリーダー　169, 170
中間概念　68, 74
　　――の創造　68
　　――・実践化モデル　74
同僚性　126, 144, 145, 168, 169, 171, 184
トップ　144, 145, 149, 150, 159, 160, 163-171, 174, 175
　　――チーム　139
　　――マネジメント　136, 138, 148, 155, 156, 159, 160, 173, 182
　　――・チーム　140
　　――マネジャー　160
　　――・ミドル・ロアー　52
　　――リーダー　173
トランジション　92, 101

な

ナラティブ　105
人間の組織　82
ノールズ　125

は

バックワード・マッピング　109
副校長　21-23
部門活動　47
分散型リーダーシップ　62

ま

ミドル　12, 40, 49, 55, 69, 134, 158
　　――・アップダウン・マネジメント　63
　　――・アップダウン型リーダーシップ　63
　　――層　11
　　――の知　79
　　――の役割　13, 52
　　――への期待　41
　　――への着目　49
ミドルマネジメント　77, 136, 138, 140-145, 147, 148, 155, 156, 161, 162, 168-171, 174, 177, 184
　　――・チーム　138
ミドルマネジャー　136, 138, 141, 142, 146-149, 159, 160-162, 169, 173, 182
ミドルリーダー　48, 141, 145, 152, 168, 169
　　――シップ　64, 76, 79, 144, 148, 151
　　――の役割　62
結び合わされる人生　96, 129

や

山﨑準二　89
ユング　84

ら

ライフコース　89
ライフサイクルとライフコース　90
ライフサイクル論　84
ライフレヴュー　103
ライン　144, 145, 156
　　――マネジメント　146, 168
理事会　164, 174, 175
リフレクション　119
レヴィンソン　85, 111, 117
ロワー　168, 169

わ

ワイングラス型　14
　　――教員年齢構成　69

〔著者紹介〕

小島　弘道（おじま　ひろみち）
「監修者紹介」参照

熊谷　愼之輔（くまがい　しんのすけ）
岡山大学大学院教育学研究科准教授
広島大学大学院教育学研究科博士課程後期教育学専攻単位取得退学
主要著書・論文：
『スクールリーダーの原点―学校組織を活かす教師の力』金子書房，2009年（共編著）
「地域社会との連携教育活動に対するアセスメントに関する考察―アメリカ高等教育のサービス・ラーニングにおけるアセスメントに着目して―」『日本生涯教育学会年報』第30号，2009年（共著）
『社会教育の核心』全日本社会教育連合会，2010年（分担）
「学校支援地域本部事業の展開と課題―『学習する組織』としての学校支援地域本部をめざして―」『日本生涯教育学会年報』第32号，2011年（共著）
「これからの社会教育はどこに活路を求めるのか―学校・家庭・地域の連携領域に焦点をあてて―」『社会教育』全日本社会教育連合会，2011年12月号
『社会教育計画の基礎［新版］』学文社，2012年（共編著）

末松　裕基（すえまつ　ひろき）
上越教育大学大学院学校教育研究科講師
筑波大学大学院博士課程人間総合科学研究科教育学専攻単位取得退学
主要著書・論文：
「イギリス中等学校における教科主任の役割期待―カリキュラムマネジメントの視点から―」『日本教育経営学会紀要』第48号，2006年
『学校のための法学［第2版］』ミネルヴァ書房，2008年（共著）
「イギリス学校自律化政策分析におけるアイロニック・アプローチの可能性―E. ホイルとM. ウォーレスによる『皮肉』の視点の検討―」『学校経営研究』（大塚学校経営研究会）第36巻，2011年
『学校経営の国際的探究―イギリス・アメリカ・日本』酒井書店，2012年（共著）
『学校改善マネジメント―課題解決への実践的アプローチ』ミネルヴァ書房，2012年（共著）

〔監修者紹介〕

小島 弘道（おじま　ひろみち）

龍谷大学教授，京都教育大学大学院連合教職実践研究科教授，筑波大学名誉教授
東京教育大学大学院教育学研究科博士課程単位取得満期退学
神戸大学，奈良教育大学，東京教育大学，筑波大学，平成国際大学を経て現職
この間，モスクワ大学で在外研究
学会活動：日本学習社会学会会長，日本教育経営学会元会長
主要著書：
『学校と親・地域』東京法令出版，1996年
『21世紀の学校経営をデザインする　上・下』教育開発研究所，2002年
『教務主任の職務とリーダーシップ』東洋館出版社，2003年
『校長の資格・養成と大学院の役割』東信堂，2004年（編著）
『時代の転換と学校経営改革』学文社，2007年（編著）
『教師の条件─授業と学校をつくる力─（第3版）』学文社，2008年（共著）：
中国語訳書　王玉芝译・陈俊英审〈教师的标准-课程建设与学校建设的能力〉
（戴建兵主编〈晏阳初农村丛书〉）中国农业出版社（汉　语），2012年
『スクールリーダシップ』学文社，2010年（共著）

［講座 現代学校教育の高度化11］
学校づくりとスクールミドル

2012年8月20日　第1版第1刷発行

	監　修	小島　弘道
	著　者	小島　弘道
		熊谷愼之輔
		末松　裕基

発行者	田中　千津子	〒153-0064　東京都目黒区下目黒3-6-1
発行所	株式会社 学文社	電話　03（3715）1501 代 FAX　03（3715）2012 http://www.gakubunsha.com

©H. Ojima/S. Kumagai/H. Suematsu 2012　　　　印刷　新灯印刷
乱丁・落丁の場合は本社でお取替えします。
定価は売上カード，カバーに表示。

ISBN 978-4-7620-2294-4